U0164998

屋檐下的旌旗

中国招幌文化研究

［英］鹤路易（Louise Crane）/ 著

刘全国　石　静 / 译

陕西师范大学出版总社

图书代号　　SK23N1976

图书在版编目（CIP）数据

屋檐下的旌旗：中国招幌文化研究 /（英）鹤路易
著；刘全国，石静译. —西安：陕西师范大学出版总社
有限公司，2023.12
　　ISBN 978-7-5695-3775-8

Ⅰ.①屋…　Ⅱ.①鹤…②刘…③石…　Ⅲ.①招牌—
商业文化—研究—中国　Ⅳ.①F729

中国国家版本馆CIP数据核字（2023）第149227号

屋檐下的旌旗——中国招幌文化研究

WUYAN XIA DE JINGQI——ZHONGGUO ZHAOHUANG WENHUA YANJIU

［英］鹤路易　著　刘全国　石　静　译

责任编辑	刘存龙	
责任校对	梁　菲	
出版发行	陕西师范大学出版总社	
	（西安市长安南路199号　邮编710062）	
网　　址	http://www.snupg.com	
印　　刷	西安市建明工贸有限责任公司	
开　　本	880 mm×1230 mm　1/32	
印　　张	9.375	
字　　数	180千	
版　　次	2023年12月第1版	
印　　次	2023年12月第1次印刷	
书　　号	ISBN 978-7-5695-3775-8	
定　　价	59.00元	

读者购书、书店添货或发现印装质量问题，请与本公司营销部联系、调换。

电话：（029）85307864　85303629　传真：（029）85303879

导　言

────────────────────

❖

一切符号，既有其义，亦有其源。

在本书中，鹤路易女士描述了自己在中国观察到的符号。现代社会的符号形形色色，蔚为大观。有些符号看似新奇，但源远流长，历经沧桑；有些符号经年久远，已难寻其踪。虽然不少人认为，人类使用语言传情达意之前已有符号，但确切答案现在无从得知。远古时期，人类通过多种方式进行沟通交际。最初，人类只能在目及之处，使用符号，相互沟通。20世纪初期，人们开始使用符号进行远程交流，甚至可达火星。然而，大部分符号交际虽能联通天涯海角，但都止于地球、天地之间。符号传递着信息，为人类代言。虽然科学家认为，人类的本质就是物质，但其实人类与物质相去甚远，因为只有物质才具有象征意义。总之，符号已经成为人类生活的重要组成部分。通过代码、标记等媒介手段，人们利用空气振动传递信息，并用常规痕迹记录信息，形成了图像符号。因此，尚未读书识字的儿童和目不识丁的文盲也能解读图像所言何意。

"标符""徽符""象符"三个词语中，"标符"一词的含义最为宽泛、通用，内涵丰富。徽符则指双眼可见可识之物，如圆形是永恒的徽符。中国文化中就有一幅圆形太极图，代表着终极。象符即象征符号，包含着自身所象征的内在理念，它以局部之真代表整体之实。如狮子是勇气的象征。或如常言所道：眼泪象征着悲伤，数学很大程度上具有象征意义。

插在士兵坟头的简易十字架是一种象征符号，然而被压在坟堆下凸凹不平的钢盔却非象征符号。十字架与钢盔都会触动人心，只不过引起人们联想的方式不同而已。象符暗指隐喻，而标符却表征现实；象符映射抽象事物，标符却体现真实的存在。比如，在婚礼上，婚戒是永恒与忠诚的象符；握手则是一种达成协议的标符；十字勋章象征着牺牲，然而耶稣受难的十字架却不是象符，仅为标符，它提醒着世人耶稣赎罪的事实。象符寓意，标符示形。象符可界定为：用于表达特殊意义的事物。

泥陶器皿上的象形文字是象符。人们普遍认为，特定动物形象的文字作为象符代表某些特定的事物。这些晦涩难懂的象形文字具有象征意义，埃及学家正是在了解了它们的内涵后，破解了这些神秘符号的意义。

鹤路易女士通过描绘一幅幅生活场景，将读者带入异彩纷呈的中国社会生活。

作为文明古国，中国的创世神话与文学作品中不乏象征。本书向读者介绍了许多寓意深奥的复杂象征，个中意味颇让人受益。

以白色为例。远古时期，人们在丧祭悼念时穿戴白色服饰，作者在本书中也频频谈及白色。中国人认为，白色象征着至简、至纯。显然，没有一位牛顿这样的物理学家告诉人们，白色其实是由七种色谱混合而成的，但在中国人的心目中，白色因其至简而适宜表达悲恸之情。虽然没有文献可以证明，然而使用白色的真实原因却是白色最不显眼，生者穿白着素不会被逝者亡灵或其他鬼魂轻易发现。可见，白色具有丰富的象征意义。黑色也不例外，它象征着庄严、高贵，因此为法官所青睐。

在华夏创世神话中，颜色异常重要，不容忽视。五星运转，各有其色，五行、五脏、五方、五德等莫不如此。其中，各自都有相应的颜色对应，相生相克，相互联系。①

深红色大理石因能为宫殿带来和平与繁荣而深得青睐。麒麟或者凤凰这类象征着吉兆的形象同样深得人心，它们能够营造出一种神奇的气氛，让富有传奇色彩的五德有了真实

① 五行之色为：金为白色，木为青色，水为黑色，火为赤色，土为黄色。《周礼·考工记》载："画缋之事，杂五色。东方谓之青，南方谓之赤，西方谓之白，北方谓之黑，天谓之玄，地谓之黄。"青、赤、白、黑、黄构成中国传统的审美五色。中医讲："五色者：青为肝色，赤为心色，黄为脾色，白为肺色，黑为肾色。"五德为仁、义、礼、智、信，分别对应五行金、木、水、火、土。本书的注释均为译者所加，部分注释参阅了相关文献，后文不再一一说明。

的符号表征。

　　祭祖仪式上，我们可以见到中国最庄重的象征符号。人们毕恭毕敬地将列祖列宗请至家室。祭祖仪式异常庄严，族人相信，祖先会亲临其境，享用为他们供奉的祭品。摆放在眼前的灵位不只是一块木牌，而是祖先的象征符号。灵位在日常生活中备受尊敬，寓意深刻——能在祭祀仪式上与祖先的灵魂同堂共聚，虽然每年只有短暂的片刻时光，已是难能可贵。

　　北京皇城南门外的天坛，会定期举行场面盛大的祭祖仪式。此处有必要对此做一简介。近年来，政权更迭，世风日下，这些传承千年的仪式才渐渐废止。试想一下，皇帝斋戒三日后，择黄道吉日，破晓之前，坐上郊祀马车移驾祭祀现场。皇帝身着庄严肃穆的祭祀朝服，旗幡飘动，仪仗随行。皇家卫士手持御灯，照明开道，祭祀队伍在清扫整洁的大路上缓缓行进，直抵简朴庄严的祭坛。祭坛上，皇帝向天地敬献祭品，祭祀用的动物早在几个月前就已经被严格隔离，特殊养护，清洁一新。祭祀仪式上，每一件物品、每一块帐幔乃至一举一动都各有寓意。这种祭祀仪式寓意深刻，经年久远，存留至今的北京天坛正是这一庄严仪式的历史见证。20世纪初，由于祭坛神圣的象征意义逐渐淡化，天坛不再神圣如初。

　　在祭祀乐舞中，我们或许能看到最完美的象征范例。配合舞蹈动作，梃杖、响板、玉器和斧钺等道具，都象征有德圣主的文治武功。比如，公元前12世纪的文王之乐，又称"南乐"①，是一种竹笛伴舞的艺术形式。有观者感叹："美哉！始基之矣，犹未也，然勤而不怨矣。"祭祀仪式的开幕舞蹈中，舞者向北而行，寓意周武王率军北上讨伐商纣。第二幕舞蹈描绘了推翻商朝，武王获胜，建立西周。第三幕舞蹈为武王率军南下，回归故里，鼎定疆界。第四幕舞蹈展示了周公和召公二分权力，分治西、东的场景。尾幕重现了八百诸侯会师南方，盟誓效忠武王的盛大场面。表演者的两旁各有一人手持响铃，摇铃以壮声势。其间，他们四次骤停，四次急进，以表明对武王居"中国"而威天下的敬畏之情。

又如云门舞②。该舞用以象征尧帝对于天道的遵服，以及对于大地的敬重。还有一种更为重要的舞蹈，象征人们在宗祠认祖归宗、敬天法地的情愫。据载，吴国公子季札观赏韶舞时，看到舞杖挥动、韵律有致、舞姿优美，不由发出感叹："德至矣哉，大矣！如天之无不帱也，如地之无不载也！"对于这类活动所承载的重要象征意义，本书已着墨不少，此处不再赘述。

---

① 指《诗经》中的二《南》（《周南》《召南》）。宋程大昌《考古编·诗论二》载："夫诸儒既不敢主二《南》以为'南'，而《诗》及《左氏》虽皆明载南乐，绝不知其节奏为何音何类，其赞颂为何世何主。……苟是'南'也，而非二南之'南'，则《六经》、夫子，凡其所谓'南'者，果何所指耶！"参阅朱自清的《经典常谈·诗经》。
② 根据古籍，云门是中国最古老的舞蹈，始于5000年前黄帝时代，已失传。

鹤路易女士深刻洞察了中国社会生活，并认真考察了中国社会风俗习惯，孜孜以求、乐此不疲地描述了形形色色象征符号的意义。在中国商铺门口的招幌上，各种节日、丧葬仪式以及婚庆典礼中，作者发现了这些象征符号的种种寓意。现在，这些象征符号汇集于本书，供大众读者览阅。通过文字和插图，外国读者将走进中国社会生活的画卷，通过招幌这一窗口，将一睹地大物博、历史悠久的中华民族之风貌。

莫安仁

序　言

◆

　　就创作而言，作曲家似乎比作家更占优势，因为他无须在乐曲前奏上大费心思，只需通过前奏营造情绪，将听众带入乐曲表现的主题即可。作家却不得不把作品的序文交给读者评判，但读者对于序文的漠然显而易见，这种情形无可厚非。因为如果在阅读之初就被序文操控，无异于自寻烦恼。本书作者深谙其道，在序文中仅介绍本书主题。在各章节中，将一一描述店铺招幌的外在特征，它们将依次登场，展示自己。中国铺商一般使用两种店铺标志：一个是招幌，另一个是刻字招牌。

　　简而言之，如果读者对中国已经有所了解，我希望几句开场白能引起他们的兴趣，细读这本关于中国文化风俗的读本，将会纠正他们对中国文化的认识偏颇。有的读者对中国的认识或许仅仅来自通商口岸。港口城市的大街小巷中，各色商铺招幌琳琅满目，蔚为壮观。有此招幌，铺商无须反复向顾客解说店内所售何物。尽管有时顾客可能不太明白招幌的确切寓意，但对招幌的标识却心生亲切。在街上闲逛，会猜测各色招幌的含义，结果却常常出人意料，猜非所实。

对于中华风物的认知和臆想还有另一种误区，认为，通过探寻招幌的历史意义，即可直抵中华大地的历史腹地。不管探寻招幌意义之旅是否有历史学家、国学专家，还是无处不在、通晓古今的古董商向导引领，都不再重要，但那一定是一次充满惊喜的快乐之旅。

探索招幌之旅中，心怀体悟文化的初心，想象着自己穿越险峻的小径，在柳暗花明中与消亡已久的历史伟人不期而遇，看到他们的遗物，就会感慨中华民族活力之生生不息、亘古绵延。

偶尔发现一件历史文物，无论出自汉、宋、明或其他朝代，与之相关的悠久历史和丰富功用，或许无法说穷道尽。历史文物承载了许多隐而不见的文化线索，绘就了中华艺术的经纬巨网和华夏帝国的历史风貌。

毋庸置疑，昔日气势恢宏的皇家风采至今依旧深深存留于中国人纯朴的记忆中，它也是人们心头挥之不去的骄傲情结。大众的本能认知往往更加接近真相。正是出于这种认知，整个社会把劳苦阶层以上的人都视为高人艺士，如果劳苦阶层从艺，定会让人刮目相看。

招幌知识的来源错综复杂，盘根错节，甚至寸积铢累，积水成渊。淘得一件古董，虽为稀松平常之事，却会勾起与其相关的过往旧事。笔者心生好奇，想获悉事情的来龙去脉，于是求助权威专家，一探究竟。古董界的行家里手和经验丰富的业界权威熟谙交易的细枝末节，他们表面上看起来对雇主尽心尽力，维护雇主利益不受小摊贩的肆意剥削，实则暗自谋取最大利益。和古董商贩的闲谈貌似漫不经心，实则暗藏玄机，你来我往间都想获取更多信息，但最终所获主要看言者所言、听者所悟了。

20世纪20年代的今天，在华夏大地询问古代习俗传统时，总有人自告奋勇，热心解答。时下，时尚浪潮席卷了许多港口城市，破坏了中国古色古香的乡土文化。西服、轿车、洋房以及洋话纷纷涌入中国。同时，另类的古玩商店悄然兴起，店里的年轻伙计西装革履，与身着蓝色长衫的传统行商形成了鲜明的对比。但可悲的是，他们对收藏古董却知之甚少，也没有什么拿手绝活。

现实就是如此，中国人的生活司空见惯。想要发现真实的百姓生活，需要追踪觅迹，探寻其中的历史，仅中华铺幌的探源问题就让人颇费周折。前人有无资料可资借鉴？招幌探索之旅意义何在？招幌和各行各业的联系千丝万缕，刨根问底探其究竟只会让人愈加迷惑。实际上，探寻招幌寓意犹如探索古老华夏的原始谜题，或像是在猜解暗含于中华文化密码中的谜语。幸运的是，即便困难重重，我们并没有像底比斯人为狮身人面女怪——斯芬克斯①的谜语所困扰那样，迷失在招幌的文化密码中。

　　这就是我作此序文的缘由。书中各章详细记载了此次招幌探索之旅的考察结果。西方考察中国历史的资料汗牛充栋，但本书关于中华铺幌的记录或许独树一帜。开篇之初，我们虽然对招幌知之甚少，但本书独辟蹊径，坚持不懈，最终集腋成裘，得以成形。至此，也得出如下结论：习俗亘古绵延，那些不通文墨的百姓才是习俗的真正诠释者和传承者。有鉴于此，我脑海中忽发奇想：如果艺术真的源于无知，那么求得其中真谛将会异常艰难！

　　衷心感谢本书撰写过程中对我鼎力相助的每一位中国朋友！

鹤路易

---

① 据希腊神话记载，众神之母赫拉将怪物斯芬克斯送到底比斯（今卢克索）城外。斯芬克斯有女人的头，狮子的身躯，两只翅膀，生性残忍，嗜血成性，十分可怕。它从智慧女神缪斯那里学到许多谜语，常常要行人猜谜："什么东西早晨用四只脚走路，中午用两只脚走路，晚上用三只脚走路？"猜不出来的人当即被它杀死吞食，许多人因此而葬送性命，一时间人心惶惶。后来，英雄奥狄浦斯来到底比斯，斯芬克斯用同样的谜语为难他。奥狄浦斯答道："这是人。因为人在生命的早晨，是个婴儿，用双手双脚匍匐爬行；在生命的中午，长大成人，用双脚走路；而到了老年，行动不便，步履蹒跚，拄上一根拐杖，就成了三只脚了。"斯芬克斯听后羞愧万分，坠崖而死。

目　录 ─────────────────

篇三　职业行当

篇六　医疗药品

篇七 殡仪丧葬

第一章 走进招幌

九章大学终言利，

一部周官半理财。^①

—— 中国店铺楹联

当今时代，人们很少用"遥远"一词来描绘远方的地区和民族。在日新月异的时代进程中，古老中国的神秘面纱也被悄然揭起。然而，中华民族的社会结构幽隐藏深，令人费

---

① 楹联中的"九章"为《九章算术》，"大学"为儒家经典《大学》，"周官"为记载周代官制的图书《周官》。朱熹理学在徽州地区产生影响，并形成了地方性哲学流派新安理学，新安理学家们提出"《洪范》先曰富，《大学》重生财"，"《九章》《大学》终言利，一部《周官》半理财"，"贸易术原师管子，经营富不让陶公"等口号，关注百姓生活，不受"君子耻言利"的传统约束。

解，管窥一斑就足以令人叹服。

随着社会的进步与发展，中国对外国游客敞开了大门。华夏文明博大精深，置身其中如进入异域文化的万花筒，了解中国人的生活自然成为初识中华文化的第一堂课。无论由谁当向导，探寻中华文化之旅必然有所收获，定会让人流连忘返。虽然近代西学东渐之势强劲，激荡着东方古国的文明制度，但月盈月缺、潮起潮落，历史变迁犹如自然轮回，中华文明终会复兴如初，跨越历史的滩险，盛传寰宇，为世人所敬仰。

因此，我们当以理性、客观的态度涉足中华商铺这一话题，把它当作北京街头的社会民俗去观察。

黑鹅绒洋酒铺早已声名远播，无数顾客接踵而至，非因其门引人入胜，而是门帘让人印象深刻。门帘由铜钉和木条从中间加固起来，十分厚重，给初来乍到的游客留下了深刻的印象。人们要尽其可能灵巧省力地揭起厚重的门帘，才能顺利跨过高高的门槛。进门后，便可以尽情地陶醉在自由买卖的氛围中。西方贸易活动中奉若圭臬的时间观念在这种场合显得太过死板，与茗茶和香烟的悠闲气氛格格不入。游客讲着英文，友好地和商家交谈。为了勾起顾客的购买欲望，商家用留声机专门播放欢快的叫卖声，时不时地宣传着有人在购买时撞到大运的消息，以此增添几分魅力，吸引游客前去探索。对于这方面的情况有过大量的报道，本书此处不再着墨去做无谓的渲染。我们应该浏览一下制图者在导游手册上早已规划好的区域，因为漫无目的地游荡无异于走马观花，对了解本书主题并无益处。

这种生动活泼的商业背景，熟悉北京的读者应该不会感到陌生。漫步于那些房屋低矮的漫长街市，各种商铺林林总总，贸易活动井然有序。有的商铺门面精雕细刻，数根铁杆直直地伸展出来，铁杆末端状似龙头。本书主题——招幌正是高悬此类幌杆迎风招展的有趣符号。这些商铺的门面特色及蕴含的传奇故事，至今依旧是未解之谜，它们或许会给外国游客留下不甚美观的印象，但却让这座古老帝都的街市景观具备了浓郁的市井气息，善思明辨的游客则是乐在其中。西方游客会对服装收藏品的真正主人浮想联翩，为自己获得了一些中国服装设计方面的新知识而感到满足，自以为轻易就能区分出官员的官阶大小。他会注意别人帽子上纽扣的颜色，或精美绣花长袍前后的佩饰。若恰逢有轿子自对面而来，他还会打量轿帘的颜色特征，辨别轿内主人的社会地位。并且联想，走在轿子前的护卫们耀武扬威地保护着轿中主人，不让别人近前半步，神气之态像是自己功不可没。

北京城内金碧辉煌的宫殿，闪闪发光的庙宇屋顶，高大宏伟的城门，以及数不胜数的皇家遗迹让人应接不暇，没有人会认为这是幻觉。乘坐人力车穿行在迷宫般的胡同或宽阔的前门大街时，古朴的气息让人忘却了身在何时，不禁让人忆古思今，无限感慨。

在这些由感性认识混杂而成的整体图式中，商铺门前华丽的物品及其神秘的象符注定不会引人注目，最终只会消失在大众记忆的深谷。然而本书的探寻招幌之旅却是专程要把这些符号邀至台前，因此，须得忽略游客才会光顾的贸易市场，因为招幌在大型商店的门面上早已了无踪影。

店铺外招牌上的金色大字写着所售商品信息，通晓文墨的中国顾客对此一目了然。外国顾客虽对北京的一切事物都感到意兴盎然，但商铺招牌却让他们云里雾里，只有步入店铺才如梦初醒。在通商口岸的租借地，西方人通过标准英文翻译，才能了解招牌的文字含义。

如今的招牌，形式统一，千篇一律，代替了中华商铺古老的标志，这种趋势席卷了开埠城市的大街小巷，就连埠内老城厢①也是如此，商铺招幌昔日的壮观景象早已不见。人们将现代中国逐步失去了自己的装饰特色归咎于西方的影响，但就这一变革而言，西方的影响并非直接原因。中华民国建立之后，政府决心废除一切清代遗存，所以招幌变革主要出于商家自愿。不论情况是否如此，大量招牌的出现表

---

① 近代开埠以来，上海租界开辟，市内逐渐出现租界城区和华界城区两个相对独立的区域。租界城区发展快速，逐渐取代原来的城市区域，成为整个上海的标志。因此只有在租界出现后，上海城市史中才可能出现"老城厢"这一特定的地域概念。在中国历史上，城厢是一个独特的地理区域概念。中国城市基本上都有城墙，"城外为廓，廓外为郊"。根据惯例，城墙以内叫作"城"，城外人口稠密，有一定经济活动的区域才称为"厢"，所以"城厢"一词一般指城内和城外比较繁华的地区。

明，政治变革可能在一定程度上提高了全民识字率。在中国这个伟大的国度里，除了这些商业中心之外，那些古老的象符依旧盛行，在往后的岁月里可能会继续存留下去。

但这绝非在暗示招牌没有像招幌那样悠久的历史传承，招牌本身就可以成为一项有趣的研究。虽然小说和故事对于研究招幌的参考价值不大，但许多古代文学作品对招牌和幡旗多有提及，对此后文将另做陈述。在对招幌做出进一步考察之前，这些招牌或刻字牌匾并不在本书考察视野之内。虽然招幌已经不再使用，本书还是考虑展开研究。在中国向导的帮助下，我们对招幌已经略知一二，再从侧面去了解招牌也许比较合适。

对研究中国心理学的学者来说，招牌意义重大，因为它是中国人相信文字具有神秘力量的有力证据之一。楹柱、岗亭、室内、商铺、寺庙和公众集会场合等，同样揭示了中国人的主要心理图式。文字不仅仅是思想的直观表达，本身还被赋予了某种神秘色彩，中国人相信，文字能释放出无形的力量。如"寿""福"等表意文字，就具有这类功能，代表着吉利。在中国的艺术设计中，"寿""福"二字扮演着重要的角色。这类字不只是字符，因而不能称之为"符号"，它们还拥有无可置疑的潜在内涵。比如，"福"字被刻写在家里的某件器物上时，访客就会把主人看作受到众神庇护的有福之人。中国人渴望吉庆，坚信内心的念想会成为现实。这些念想会以不同形式表现出来，其中最为有趣的便是普遍追求人丁兴旺。换句话说，后辈中每增添一名新丁，将来要为父母的幸福承担责任，这被看作上天的恩赐，尤其在喜得男孩时更是如此。显然，对于父亲来说，传宗接代尤为重要。中国的父亲会在晚上抱着孩子来回踱步，对孩子的哭闹忍无可忍时，就会灰心丧气地在纸条上写下以下内容，然后在家门外的第一个路口贴上它，向路人求救：

> 天皇皇地皇皇！
> 我家有个夜哭郎！
> 过路君子念一遍，
> 一觉睡到大天亮。

中国家长的这一诉求完全出于一种自私的心理动机。对于过路君子而言，由于一不留神或出于好奇读了纸条上的内容，麻烦就会转嫁到他身上。换句话说，写纸条者牺牲读纸条者的利益，把麻烦转嫁给别人，读纸条者日后只能以其人之道还治他人之身。

汉字偏旁、部首之间相互关联，中国人十分看重这种关联性，算命先生和卦师为人拆字卜卦的行为最能说明这一点。如果没有他们，中国的街景、集市或庙会是不完整的。除此之外，卜算行业不会受到其他行业的影响。对于穷人而言，卜卦算命尤为重要。常言道："穷不离卦摊，富不离药罐。"算命先生的首要任务是拆解顾客的名字，解析名字各部分的含义，讲解占卜判词，以此来为客户预卜祸福。

　　说起名字，商人的名字值得一提。人们通常以商铺名号来称呼店主，而不用店主自己的名字。比如大家称王姓先生为"复春"，这是因为他的商铺名为"复春"。"复春"这个招牌很可能在王家店铺门头挂了几百年，这一名号由此传承下来。"复春"这块招牌影响深远，无论王姓先生的后代是否以此招牌为名继续经商开店，该店的每一代业主都会被人称作"复春"。

　　所以，招牌的效果多种多样，异彩纷呈。通常商人的招牌上镌刻着一些富有吉祥意味的字，他们希望这些字具有某种神秘的力量，为自己带来福气。除了上文所列举的器物和名字以外，一些含有好运色彩的固定字词似乎由来已久，它们比其他字词更具优越性，尤其能满足商人的需求。北京师范大学张耀翔[1]教授出版的著作里，通过研究5000块招牌，解释了它们的共同特征。张耀翔从出现在招牌上的总字数得出结论：每一块招牌平均使用两个半字。他发现招牌上使用的字数只有800个，这些字不停地重复出现。他还对其中20

---

[1] 张耀翔（1893—1964），湖北汉口人，留学美国，获心理学硕士，回国后从事心理学教学以及实践研究，先后担任多所大学心理学教授以及中国科学院心理研究所特约研究员，是中国最早传播西方心理学的学者之一，中国心理学会的奠基者。1921年，任中华心理学会首任会长。1922年，创办中国第一本心理学杂志《心理》，并担任主编。在高校任职期间，组织建立心理实验室，并撰写论文探讨人类的生理、性格、情绪、智慧等心理活动过程。

个最受商人青睐的字及其意义做了如下总结：

兴（兴盛、奋进）	华（美丽、中华）
和（和谐、合作）	义（互助、正义）
成（成功）	顺（适合）
丰（丰盛）	天（天堂、老天、天命）
聚（收集、维持）	同（合作、联合）
太（扩大、太平）	源（源泉、充足）
祥（好运）	盛（繁荣、生长）
恒（连续不断、永恒）	长（扩大、成长）
大（宏大、伟大）	共（共同、大公精神）
裕（富裕、充盈）	隆（兴旺、生长）

以上词汇真实地反映了中国商户铺主的所思所想，有趣的是，它们竟无一例与竞争攀比相关。"盛""兴""丰"等寄寓了铺主的商业理想，同时，只有秉持"同""义""和""共"等商业精神，才能确保店铺生意兴隆、财运亨通。

店铺招牌上用到的这些字极具特点，十分有趣。取名时，店主想讨个吉利。因此，像"复春"这样的铺名很有可能是暗指该店铺曾经有过一段繁荣时期，衰落后一直努力希望重现昔日辉煌，便以此命名，作为纪念。

卢公明①博士在1852年出版的《华英荟萃韵府》（*Vocabulary and Handbook of the Chinese Language*）一书中列出了招牌字符，提到了本书今后的旅行中会遇到的一些商品名称。招牌上的文字宣告所售物品信息，是一种对比的手段。从该书中引用一些范例，如下：

"怡心馆"的招牌上写道："上等肉类，素糕，银丝细粉，礼品糕点。"读者会从"餐饮食宿"这一部分读到这类内容。

"赛香馆"的招牌上写着："为满汉游客提供音乐与盛宴。"

"醉月酒馆"，供应广东佳肴——黑猫肉。

"长春园"，提供"添丁酒醋，美味谷物，各类腌菜"。

"泗安记"，出售"各类上等家用白米"。

"富源记"，出售"四海柴炭"。

"艳香楼"，提供脂粉和仿真绢花。

一家提供午茶的药店名为"中和堂"，声称药品均为"精巧配置"，售卖"小儿回春丹""妇科白凤丸""八宝眼药""安神丸""戒烟断瘾丸"。

"仁和坊"，销售"真胭脂虫红颜料和藏红花染色的绞

① 卢公明（Justin Doolittle），19世纪美国汉学家，美国公理会传教士，第二批差往福州的传教士，创办了榕城格致书院和文山女子中学，积极投身反对吸食鸦片的舆论活动。著有《卢公明日记》及《华人的社会生活》（上、下）等。

丝牙线、丝线等"，而另一家出售相同商品的店铺把自己的店名叫作"元和记"。

"金石轩"，雕刻各种牌匾，自称字字如金似玉。

"茂源记"，是一个钱庄的名字。验金师则称自己的店为"懿德"。

"广华"，是一家铜器铺，销售各类铜制器皿。

从商铺招牌来看，公众对商业的情愫依然没有改变。只要在上海的大街小巷走上一圈，你就能看到新旧不一、异彩纷呈的招幌。这一事实可从如下店铺名号得到证明：

"庆云"钟表铺，"恒利"洋货店，"天锦"柴炭铺，"宝顺"火炉厂，"汉裕丰"袜铺，"福聚德"药铺，"金牛"针线铺，"王麻子"火绒盒铺，等等。这也说明了中国商业风俗的另一面，即一个人由于自己身体的某方面存在缺陷，这缺陷便成为称呼他店铺名字的一部分。

棺材铺的招牌似乎最为瞩目，上面写着"结兴"二字。

现在还是让我们继续走进这片商铺的海洋，体悟另一种古老的商铺象符正飘荡在习习微风中，欢快如昔地向生活在北京的百姓传递着自己的意义。这座承载着帝国辉煌历史的京城帝都，成了研究清代遗迹资源的绝佳场所。不仅因为北京自古至今是古老传统的文化中心，也因本书诸多插图均自这座老城的大街小巷中收集而来。搜寻招幌之初，时值日近黄昏，街上人头攒动，嘈杂声逐渐消退而去，静得足以能听见路人私语。屏住呼吸，喧闹与灯光似乎在夜幕降临之前戛然而止，让人觉得不可名状。黄包车来来往往，行色匆匆，车轮发出低沉的声音，模糊不清，充满了神秘色彩。一排排长长的街市向两头无尽延伸出去。店铺门面精雕细刻的花边图案，此刻也在灯光中若隐若现。此时此刻，漫步街头，实为幸事一件。

只有在光线充足的白天，招幌才能尽显其美。北京有着湛蓝的天空和明媚的阳光，还有什么比蓝、红、黄、金、银等五彩斑驳的灵动色彩更让人眼前一亮的呢？北京四处弥漫着古风雅趣，让人深觉自己与中华文化在进行零距离接触，并试图探究眼前招幌的不同成因。在这种努力的探寻中，面对无处不在的商铺招幌，我们意识了到此次探索之旅的独特之处。没有老调重弹，也没有华丽辞藻，我们只会蔓引株求地刨根问底，一探究竟。

由于还没有为这次中华招幌之旅做好准备，有人说中国人文化水平低下是招幌盛行的原因，笔者对比不敢苟同。不过这一认知似乎有其逻辑，商铺门口的那些招牌究竟有何内涵，有时候很多中国人自己也说不清楚。因此，本书所收集的北京招幌，上海人则全然不知。

所以笔者更加倾向于认为，招幌很可能形成于古代行会这种庞大隐蔽的社会组织之下。除了艺术家、诗人以及家庭习俗以外，行会体系包含着人类的所有努力，可以说，它构成了中国社会的根基。行会主要由雇主和雇员组成，是一种令人惊叹的商业组织形式。笔者对现有商业标符的资料进行梳理，也没发现行会对招幌有何直接影响。行会的规范来自对行业规范建设和每一处管理细节的精心设计，包罗万象，应有尽有。如果把招幌交给个人去设计，实为匪夷所思之事，有关招幌的真实情况可能永远也无法弄清。行会这一非凡的体系已经维系了很久，却没有任何相关记载，只能归因于中国人最显著的思想特征，即敬惜字纸①。因为古人认为，把文字应用于卑微的商业活动或商业记录是对文字的亵渎。

但韩国却对行会的活动记录没有这种限制，许多行会记录可以追溯到几千年前。而且，在韩国的行会记录中还发

① 敬惜字纸，即敬惜带字的纸，这在中国具有悠久的传统。《燕京旧俗志》记载："污践字纸，即系污蔑孔圣，罪恶极重，倘敢不惜字纸，几乎与不敬神佛，不孝父母同科罪。"于是，就出现了劝人敬惜字纸的善书，也就是"惜字功律"。敬惜字纸是中国古代文化传统中的一种良好美德，是中国文化传统理念之一，代表着古人敬重文化的思想。字纸，代表的是文化。敬惜字纸，也就是要求敬重和爱护文化。汉字是中华文化的根基和重要组成部分，是承载中华民族精神与情感的重要载体。所以，敬惜字纸的思想内涵，不仅在历史上发挥过积极作用，在当今，仍然有重要的现实意义。"敬惜字纸"折射出的敬重文化的思想内涵，有助于我们珍惜和弘扬中华文化，增强民族的凝聚力。

现了关于中国行会的信息。西德尼·甘布尔①对北京进行调研，对中国行会做过一次有趣的研究。他在书中没有提到商业标识，但认为北京商铺标识的兴起与清王朝不无关系。因为满族人为了便于推广满族的风俗习惯，在征战过程中烧毁、抢劫商铺和居舍。为了适应各种新的形势，行会进行了重组。服饰、马桶配件等物品被大量引进，相关的介绍也随之而来。甘布尔发现，从1644年清军入关起，北京行会已经实现了重组。共和政府的建立又一次带动了行会的一系列变革。总的来说，理发店、制帽商和裁缝铺以及其他与社会习俗直接相关的行业均发生了变化。在一系列政治、工业变局中，只有一个行业没有变化，即盲人行会，这个行业从公元前206年出现以后，一直维持到汉朝初期。

甘布尔描述了一种典型的大型行会形式，表明行会影响

① 西德尼·甘布尔（Sidney D. Gamble，1890—1968），美国社会学家。1908—1932年，4次游历中国的城市和乡村，拍摄了大量有关中国的照片，收集城乡生活、公共事件、建筑、宗教等有关数据和资料，开展社会经济调查。1917—1919年，他在中国进行了许多社会调查，并在步济时（John Stewart Burgess）的协助下出版了《北京社会调查》（*Peking: A Social Survey*）一书。1924—1927年，他再次来到中国，期间调查了283户家庭，并于1933年出版《北平的中国家庭是怎样过活的》（*How Chinese Families Live in Peiping*）一书。此后，由于对晏阳初的定县实验很感兴趣，他于1931—1932年第四次来到中国进行社会调查。回到美国后，他撰写了《定县：一个华北乡村社区》（*Ting Hsien: A North China Rural Community*，1954年）、《华北乡村》（*North China Villages*，1963年）等书。他的另一本《定县秧歌选》（*Chinese Village Plays*）于1970年出版。

了广大中国人民群众的生活。实际上，大家都是心甘情愿加入行会的。商人无须每年向行会缴纳高昂的费用，也不必受到行会制定的其他制度限制，为了在商业上取得成功，他们要自己权衡利弊。不管是店主还是伙计，讨债、维权、应诉等，大小事务均由行会处理。

根据描述，这个大型行会在大厅里举行年会，场面极其壮观，大厅中央摆放着一张长长的桌子，有48个人坐在桌旁。其中24人有着不同的头衔，如总理、协理（民国以后改称会长、副会长）、监察、会计议董、庶务议董、调查议董、理案议董、中证议董、法律顾问、书记、缮校、翻译、司账、庶务等。他们都是通过投票选举或者由总理认定而选出的。

行会举办年会，处理各种事务，从解决罢市、雇主与雇员之间的纠纷、问责、处罚违反行业规范者、会员纳新、新经营场所注册到商业活动中的一切细节，包括给发明者授予版权和各种特权等。年会议程的第一项活动往往是敬拜行会的行神，其中最大的行神是关帝。关帝即关羽，生前为武将英烈，公元219年起便被百姓敬若神灵。明朝皇帝一开始打压关羽，但万历年间，皇帝敕封关羽为伏魔大帝。如今在一些小商铺里，依旧可以见到一些神龛里供奉着神灵，有的面目狰狞，有的半人半神。比如，布袋神因保佑着烟草铺而为人所知。神像仅仅供奉在一个油漆过的木龛中，木龛经过长期的风吹日晒已沾满污垢，通常悬挂在一张桌子的上方，桌上摆放一些香炉和蜡烛，就成了祭坛。任何商业场所都有自己的行神，无论是多么卑微的行业。

篇一 餐饮食宿

第二章　酒馆客栈

风吹柳花满店香，吴姬压酒劝客尝。

金陵子弟来相送，欲行不行各尽觞。

请君试问东流水，别意与之谁短长？

——李白《金陵酒肆留别》

我们几经周折去考证中国招幌的历史，均劳而无获，最后不得不怀着一线希望把目光转向古代诗词和神话传说。自古以来，中国人敬畏文字，唯恐亵渎神灵，这种观念亘古至今，千古不朽。当我们翻开古代诗词、小说，以期觅得有关招幌的历史踪迹时，内心十分激动。但结果表明，古代文学作品中关于招幌的记载与我们的期望相去甚远，令人沮丧。

尽管如此，像《集异记》①和《世说新语》②这类古代文学作品还是记载了一些发生在酒馆中的奇闻趣事，但这些记录和招幌没有直接关系。

中国历代才子辈出，文人雅士灿若星河，他们聚首相会的风雅场所不胜枚举。古时，文人好去酒馆、客栈或餐馆与友人欢聚，个中原因或是出于社交往来。他们开怀畅饮，在酒水的刺激下才思泉涌、挥毫泼墨——不言而喻，美酒乃灵感之源。杜甫在《饮中八仙歌》中这样描写他的朋友李白：

李白斗酒诗百篇，

长安市上酒家眠。

天子呼来不上船，

---

① 《集异记》，一名《古异记》，薛用弱撰，唐代中期传奇小说集。薛用弱，字中胜，唐河东（今山西永济一带）人，生卒年不详。唐穆宗长庆年间任光州刺史，大和初自仪曹郎出守弋阳。《集异记》记载的是隋唐时期的奇闻怪异之事，成书年代一般认为在唐穆宗长庆年间。它虽属六朝志怪的笔记体形式，但目的已不是张皇鬼神，而是"明神道之不诬"。

② 《世说新语》，坊间基本上认为由南朝宋临川王刘义庆撰写，也有称是由刘义庆组织门客编写的。又称《世说》《世说新书》，卷帙门类亦有不同。《世说新语》依内容可分为"德行""言语""政事""文学""方正"等36类（先分上、中、下卷），每类有若干则故事，全书共有1200多则，每则文字长短不一，有的数行，有的三言两语，由此可见笔记小说"随手而记"的诉求及特性。其内容主要是记载东汉后期到晋宋间一些名士的言行与逸事。书中所载均属历史上实有的人物，但他们的言论或故事则有一部分出于传闻，不尽符合史实。

自称臣是酒中仙。

　　从这首诗的字里行间不难看出，文人雅士把酒言欢之处往往唐风犹存，宋韵未尽，且趣事不断、惊喜频现。这些诗句真实而又灵动，每每读来，不由得让人攀今比昔，比物连类，浮想联翩。待回过神时，眼前的街市只有浓厚的政治氛围和商业气息，想象中的古风雅趣却荡然无存。不过我们此行的主要目标是在商业环境中去鉴识中国招幌。作为本章的开场，此处通过简要回顾中国文士在华夏文学鼎盛时期常常光顾的场所，无疑会让读者感到兴趣盎然。

　　唐代以前，薛用弱在《集异记》中对酒家集市的诠释早已言之凿凿，几乎与杜甫《饮中八仙歌》的诗句所述有异曲同工之妙。从字面上看，就建筑功能和外貌特征而言，可将"旗亭"理解为"市楼"或"市场塔楼"。因为古代旗亭所在之处，是城镇商贸、集市和娱乐的中心地段，自然不乏酒馆和餐馆。旗亭至今留存于中国的许多地区，其影响力之深远，尤其在北京集市上可见一斑。旗亭一带各类商品应有尽有，能满足大众生活的一切需求，食品、药材、服饰、古玩、奇石、珍品乃至儿童玩具等，包罗万象，不一而足。如同在上海"新世界"这类现代商业中心，各地戏剧同时上演，饭馆、茶舍生意兴隆，摊贩、货郎在喧闹的人流中忙得不可开交。

薛用弱讲述的旗亭画壁①故事，发生在古代集市的餐馆里。故事是这样的：

　　　　开元中，诗人王昌龄、高适、王涣之齐名。时风尘未偶，而游处略同。

　　　　一日天寒微雪，三诗人共诣旗亭，贳酒小饮。忽有梨园伶官十数人，登楼会宴，三诗人因避席隈映，拥炉火以观焉。

　　　　俄有妙妓四辈，寻续而至，奢华艳曳，都冶颇极。旋则奏乐，皆当时之名部也。昌龄等私相约曰："我辈各擅诗名，每不自定其甲乙，今者可以密观诸伶所讴，若诗入歌词多者，则为优矣。"

　　　　俄而一伶拊节而唱，乃曰："寒雨连江夜入吴，平明送客楚山孤。洛阳亲友如相问，一片冰心在玉壶。"

　　　　昌龄则引手画壁曰："一绝句。"寻又一伶讴曰："开箧泪沾臆，见君前日书。夜台何寂寞，犹是子云居。"适则引手画壁曰："一绝句。"寻又一伶讴曰："奉帚平明金殿开，强将团扇半徘徊。玉颜不及寒鸦色，犹带昭阳日影来。"

_____

① 旗亭画壁是一则故事，载于《集异记》，表现出盛唐诗人放达争衡、知己相契的精神风貌。酒楼里诗人与歌妓、诗与酒、歌唱与奏乐、谈笑与致礼，和谐地构成了一幅唐代市井社会风俗图。

昌龄则又引手画壁曰："二绝句。"涣之自以得名已久，因谓诸人曰："此辈皆潦倒乐官，所唱皆《巴人》《下俚》之词耳，岂《阳春》《白雪》之曲，俗物敢近哉！"因指诸妓之中最佳者曰："待此子所唱，如非我诗，吾即终身不敢与子争衡矣。脱是吾诗，子等当须列拜床下，奉吾为师。"因欢喜而俟之。须臾，次至双鬟发声，则曰："黄河远上白云间，一片孤城万仞山。羌笛何须怨杨柳，春风不度玉门关。"涣之即撋𢭏二子曰："田舍奴，我岂妄哉？"因大谐笑。诸伶不喻其故，皆起诣曰："不知诸郎君何此欢噱？"昌龄等因话其事。诸伶竞拜曰："俗眼不识神仙，乞降清重，俯就筵席。"三子从之，饮醉竟日。[①]

刘义庆[②]在《世说新语》中记载了阮籍和朋友王安丰二人的奇闻逸事，摘录在此，以飨读者。故事是这样的：

阮公邻家妇，有美色，当垆酤酒。阮与王安丰

---

① 薛用弱：《集异记》，中华书局1980年版，第11—12页。
② 刘义庆（403—444），彭城郡（今江苏铜山）人，南朝宋文学家。曾任秘书监一职，掌管国家的图书，有机会接触并博览皇家典籍。后"性简素，寡嗜欲"，爱好文学，广招四方文学之士，聚于门下。著有《世说新语》《幽明录》等。

常从妇饮酒，阮醉，便眠其妇侧。夫始殊疑之，伺察，终无他意。[1]

以上故事中并没有提到酒馆招幌。从施耐庵所著《水浒传》可知，古代酒馆招幌可能是一些写有文字的酒望。大概是在元末明初以后，酒馆开始普遍使用这种酒望。酒望上的措辞富有特点，十分有趣。有关武松的英雄事迹，《水浒传》中是这样讲的：

　　武松在路上行了几日，来到阳谷县地面。此去离县治还远。当日晌午时分，走得肚中饥渴，望见前面有一个酒店，挑着一面招旗在门前，上头写着五个字道："三碗不过冈。"[2]

意思是如果你喝了三碗酒，就没办法走过那边的山冈了。显然，这与那句古老谚语"酒过三碗无难事"相去甚远。就这样：

　　武松入到里面坐下，把哨棒倚了，叫道："主人家，快把酒来吃。"只见店主人把三只碗，一双

① 刘义庆：《世说新语》，岳麓书社2022年版，第385页。
② 施耐庵：《水浒传》，中华书局2009年版，第188页。

箸，一碟熟菜，放在武松面前，满满筛一碗酒来。武松拿起碗一饮而尽，叫道："这酒好生有气力！主人家，有饱肚的买些吃酒。"[①]

武松毫无兴趣地看了一眼桌上几盘菜。

　　酒家道："只有熟牛肉。"武松道："好的切二三斤来吃酒。"店家去里面切出二斤熟牛肉，做一大盘子，将来放在武松面前，随即再筛一碗酒。武松吃了道："好酒！"又筛下一碗。恰好吃了三碗酒，再也不来筛。武松敲着桌子叫道："主人家，怎的不来筛酒？"酒家道："客官，要肉便添来。"武松道："我也要酒，也再切些肉来。"酒家道："肉便切来添与客官吃，酒却不添了。"[②]

　　武松在喝了第一碗酒后说的那句"这酒好生有气力！"似乎是在暗示店家给他提供的是土制烧酒，要真是烧酒的话，店外招旗上的文字倒也言之有理。有必要提醒一下读者朋友，该酒与人们熟悉的三烧有关，对此本书后文还会有述及。

---

① 施耐庵：《水浒传》，中华书局2009年版，第188页。
② 施耐庵：《水浒传》，中华书局2009年版，第188页。

店家限量销售自家酒水的态度令人敬佩，这在当时绝非常有之事。这一点，在后文的情节中将会得到印证。

武松怒气冲冲地离开了那个执拗的酒家后继续赶路，关于武松景阳冈打虎的英雄事迹此处不再详述。后来，武松醉打蒋门神的故事中这样讲道，武松来到了丁字路口：

> 早见丁字路口一个大酒店，檐前立着望竿，上面挂着一个酒望子，写着四个大字道："河阳风月。"①

意思是在这里可以痛饮佳酿，逍遥自在。

> 转过来看时，门前一带绿油栏杆，插着两把销金旗，每把上五个金字，写道"醉里乾坤大"，"壶中日月长"。一壁厢肉案、砧头、操刀的家生；一壁厢蒸作馒头烧柴的厨灶，去里面一字儿摆着三只大酒缸，半截埋在地里，缸里面各有大半缸酒。正中间装列着柜身子。②

有谚语：酒下三杯明事理，当醉不醉解千愁。武松向来对酒家的殷勤接待求之不得，作者有意为武松塑造了这样一

① 施耐庵：《水浒传》，中华书局2009年版，第250页。
② 施耐庵：《水浒传》，中华书局2009年版，第250页。

种氛围，以便让他进入醉里乾坤，尽显英雄本色。

中国人嗜酒贪杯，向来对酒情有独钟，往往沉醉于美酒佳酿的醇厚馨香。不过第一个发明酿酒技艺的人却命途多舛。自古至今，酒对中国人的生活产生了很大的影响，夏朝大禹时期，一位官员首次酿制了酒。但他不仅没有因此一举成名、官运亨通，反而惹得大禹勃然大怒，进而丢官弃爵。据说大禹在下诏时预言：后世必有饮酒而亡国者。商纣时期，大禹的预言一语成谶。纣王有个臭名昭著的宠妾名唤妲己，贪恋饮酒狂欢。纣王在皇宫里修建了一个酒池，里面灌满了酒，定期召集数千人来到酒池旁，命令他们在听到号令后集体跳进酒池，这个娱乐活动久而久之竟成为宫中传统。历史学家李文彬说："他们跳进酒池，豪饮如牛，醉态百出，帝王、妃子却以此为乐。"

据此可知，中国人把酒言欢的传统自古有之。然而奇怪的是，中国人贪杯好饮了数千年，但却未曾关注酒文化。值得注意的是，在现今中国，很难在公共场合看到有人烂醉如泥的场景，现代中国人似乎更为理性节制。酿酒业的不断发展或许和酒精的药用功能及宗教功能有关。

究其原因，自然会涉及酒的独特品性。"无论优劣，国酒为上。"人们乐于接受这句谚语所表达的理念，它体现了人们对于国酿不加批判的态度。初来乍到的外国人在享用中餐时往往会觉得，中国酒似乎要比外来的葡萄酒更符合中国人的饮食习惯。若在席间听闻主人让上老酒时可别误会，那只是酿制不到一年的酒。老酒是最受欢迎的品牌，通常要埋在地下三四年才能老熟。人们最乐意选择的好酒是十年陈酿，以绍兴酒为最佳。绍兴酒虽然不以"老酒"为名，但却有经年陈酿之品质。西方人的味觉不同于中国人，很难品味到中国酒的醇香绵厚。中国人却不同，早已接纳了洋酒的口味。洋酒自公元之初就开始进入中国市场，直至今日从未间断，但却对中国酿酒业没有造成任何冲击。

东西方对于美酒的认识是相通的。美国人有"餐前鸡尾酒"之说。若问："鸡尾酒是餐前必备的吗？"美国人的回答是："酒后才会吐真言。"中国也有谚语表达了同样的思想："不喝酒，没朋友；酒不喝，话不多。"

不过中国酒却有自己的独特之处，探究其深层原因就会发现，其独特之处在于酿酒的过程。我们在考证后发现，中西酿酒工艺截然不同。关于酒水储存时间长短的问题，有一位酒商给我们做出了生动的解释。他问道："既然储存时间越久越好，那为何人们还要喝新酿的酒呢？"我们面前的酒架上有一个酒瓶，里面装满酒，他指着酒瓶四分之一的高度回答道："10年后，这瓶酒就会到这儿。"然后，手指又下滑至3寸，说："20年后就会到这儿。""30年后呢？"他问道。只见他的手指离开酒瓶，双臂一摆，说："不是谁都能喝得到了！"一边滑稽地模仿喝下三十年陈酿后，腹内翻江倒海、口舌辣爽的古怪表情。

谢立山（Alexander Hosie）[①]在《满洲——它的人民、资源和最近的历史》（*Manchuria*）中说：

> 酒是粮食的精华，各地的酒均由粮食酿制而成，然而，中国人酿酒的程序和西人的酿酒程序却大相径庭。显然，差别并非在于酿酒复杂的工艺，而在于蒸馏的过程，他们把这些程序同时一并进行，把处于不同发酵阶段的谷物置于同一个器皿中。

酿制米酒要选取糯米，将糯米淘洗、软化、膨胀后置于水中，浸泡3天至3周时间。之后进行蒸煮，待冷却后加入酒曲及其他处于不同分解阶段的谷物。再倒入巨大的瓷罐，封上罐口，任其发酵。发酵之后进行过滤，然后通过导管将酒水装入其他酒罐后封存起来。酿制出来的米酒已经被煮熟，趁热装罐后窖藏一年便可饮用。酿好的酒被分为黄酒和白酒，黄酒的颜色由深到浅不一而足，而白酒略微白里透黄才是窖藏佳品。江苏、浙江等南方各省盛产这类发酵米酒，牛庄和北方其他地方则生产蒸馏酒，因为北方地区种植可酿制蒸馏酒所需的高粱、谷子等农作物。

《满洲——它的人民、资源和最近的历史》中还提到了

[①] 即亚历山大·霍西，谢立山是其中文名，近代英国外交官。1882—1884年，3次深入西南地区进行调研，著有《华西三年——四川、贵州、云南旅行记》。曾在温州、九江等地担任领事。

一段有关三烧的有趣记载，经过调研，作者简要总结如下：

　　以米酒酿制为例，发酵剂制备之初，将稻壳或大麦、谷子及用以制作高粱酒的高粱壳磨碎，与其他谷物混合在一起后和豌豆按三比一的比例搅拌。然后给磨碎了的谷粒和谷壳加水，使其达到一定的黏稠度，再放进木质模具，脚踩踏实，直至成为砖头模样。一次制作6000～10000块，将这些谷砖堆放在室内，彼此之间留有缝隙以便空气流通，与砖窑制砖同理。室内必须保持通风，要特别注意光线和热度。砖的上面慢慢长出真菌，室内需要保持适宜的温度和湿度，真菌生长才会渗透进谷砖的内部。可能还需要重新整理作业现场，如开窗、人工加热等，这一过程大约需要花费40天的时间。当谷砖差不多晾干后，其活性就能保持五六年时间。因为在冬季无法制作发酵剂，所以酿酒制备时必须要保证一年的谷砖用量。在这个季节，基本上每家酿酒厂都在酿酒制备过程中，谷砖的数量会从10000块增加到20000块。

　　开始蒸馏前，把谷粒磨成粉末并且加湿，然后加入酒曲，搅拌均匀。一层层放进酒窖，每一层都须夯实。然后铺上干草，最后铺上一层潮湿的泥巴，化学反应就在下面发生了。还须日日踩踏，连踩18天，以此促使谷物与酒曲完全接触。这一阶段完成时，部分谷物已经分解，可以开始蒸馏了。在随后的9～10天内，要添加5次酒曲，每次都需要许多未发酵的生粮。

虽然所有的烧酒由蒸馏器蒸馏酿成，但它的构造却极其原始。那是一个装有6条腿的圆底铁锅，直径6英尺，里面盛着大半锅的水。铁锅的下面是一个烧秸秆的炉子，秸秆燃烧得很快，需要不停地添加。铁锅的上面装有一个木箱，箱子有一个网底，残留的谷物被装进木箱，距离水面约1英尺。铁锅的顶部朝中心收拢，中心位置有个开口，开口处装有冷凝器。冷凝器位于盖子圆形开口的檐沟上。锅内的水沸腾时，蒸气经由饱含酒精的谷物上升，含着酒精飘入冷凝器底部，经过冷却后化作液体，经由铅槽流入收集器。

中国酿酒业的产量相当大，这与中国人崇尚节制的优良传统实质上自相矛盾。茶叶自进入大众生活以后，日渐风靡，当然还因历代王朝颁布禁酒令，人们只能以茶代酒。早在公元前1122年，中国人便开始发现并使用茶树，却直到公元4世纪茶叶才被人们普遍饮用。茶叶为宫廷所饮用始于宋代，之后在全国各级衙门中普及开来。随着政府官员之间的互动来往，饮茶成了中国社会生活和礼仪活动中独具特色的文化传统。后来，茶叶又获得了一代代外邦居民和游客的青睐。

在了解了酿酒工艺之后，现在我们继续回到北京的街头，探寻酒铺的踪迹。我们不会详述酒铺的内部陈设，因为我们早已有所领略，但酒铺招幌却另当别论。

北京酒铺

在本书第一幅招幌插图中，我们向读者呈现了3种酒铺招幌，它们看起来似乎不甚相像，但对于北京本地人而言，都等同于"酒"字。大多数招幌体现了中国人的精思妙想，但酒铺招幌却最引人注目。1号和3号招幌的外形象征着盛酒用的酒壶。这类招幌其实是在传递所售酒水的品种信息，说明该酒铺兼营酒水批发与零售，因此通常会在铺子里面放置几张桌椅，供来往散客饮酒歇脚。

酒饭铺

如1号招幌所示，要是酒壶上附以绿稠红布，则表明该店不仅出售酒水，还可以按顾客所需提供米饭。这类酒代表着一种性温、发酵过的米酒，酒精含量为10度。

黄酒饭铺

初见2号招幌时，我们尚不清楚其中含义，咨询行会之后才得知这是黄酒饭铺招幌。黄酒饭铺不仅提供黄酒，还提供米饭。该招幌由厚布制作而成，悬挂在一根幌杆上。它的设计有点像寺院神坛边上悬挂着的祭幡，送葬队伍中也能见到此类祭幡。但它不同于酒望，从而显得与众不同，或许是因为它既象征着食物又象征着黄酒的缘故。黄酒饭铺招幌特殊的外形令人迷惑不解，让人浮想联翩：古时候，宗祠庙和殡葬丧礼的祭祀用酒并非普通酒水，比较少见。这种酒酿制工艺繁杂，配方秘而不宣，如今已失传。很多人想重现其酿制工艺，均以失败而告终。这种招幌可能曾被酒商用在祭祀用酒上，如此推断比较合乎情理，因为它很像灵旗。

不管怎样，黄酒饭铺招幌提醒我们，酒在中国的宗教仪式上占据着相当重要的地位。无论是在祭拜天地神仙的祭坛上，还是祭祀祖先的祠堂里，酒水永不缺席。在这些宗教场所，小酒碗随处可见，通常有3～10个。此外，酒会被洒在纸钱、香火、纸人的灰烬和冥币箱上。

绍兴酒

3号招幌上写着"烧酒"两个大字，下面的标注为"中国南方酒"。这个招幌的形状是给买主装酒用的器皿，它就是大名鼎鼎的绍兴酒，之前我们已经做过说明，绍兴酒是中国人的最爱。绍兴酒之所以有此称谓，是因为它产自浙江南部的绍兴一带。绍兴酒正是从浙江绍兴销往全国各地，也走出国门，甚至远销澳大利亚和美国加州。外国专家曾宣称，绍兴酒这一佳酿不仅是中国蒸馏酒中的翘楚，而且与西班牙酒或其他外国名酒伯仲难分。

烧酒铺

在4号招幌上可以看到一个红葫芦，或类似朝圣者用的葫芦。它是烧酒的招幌。虽然酿制烧酒通常需要经过5次蒸馏，但烧酒也有"三烧"之称。所谓三烧，是指酒经过三次蒸馏发酵酿制而成。烧酒是中国的"白兰地"，有着很高的人气，酒精含量为45度。令人欣慰的是，在中国人酒水年度销售总数的统计中，烧酒仅占30%的份额。外国人把"三烧"这个名字曲解为"三熟"，认为喜饮"三熟酒"是中国人的最大特点。无论外国人如何理解，和"烧"这个字关联在一起的是浓烈、烧灼以及烈性的意味。

宋代周密在小说《武林旧事》中讲了一个颇有意思的招幌故事，表现了作者对于"烧"字的界定。一个客栈的门前悬挂着一面招幌，上面写着：本店仅售上等好酒。但这个招幌最突出的特色是，上面画着一只彩绘的绿纹蟾蜍，怒气冲冲地瞪着一双凸起的大眼睛。这似乎比红葫芦更能彰显出烧酒浓烈的特性。不管怎样，用虚构的宝葫芦作为酒铺的幌符，本身就显得意味深长，表明店家十分看重葫芦里所售之物的品质。因为古代术士就是用这种葫芦来储存自己炼成的长生不老药。古代的中国人孜孜以求地想通过化学实验，企图逃避人类无法逃避的自然规律，寻求长寿仙丹。大多数寺院都会因为拥有了一口冒着气泡的水井而兴奋不已，而前来朝拜的香客则会虔诚地带走一大杯水井内的神水回家。

除此之外，传说一些葫芦虽然很小，却能装得下一个人，甚至能装天地万物和宇宙星辰。《西游记》中，孙悟空和一群妖怪争吵着要让对方相信自己宝贝的法力，但双方的宝贝都还没有施展法力，于是，孙悟空施计让妖怪失去了理智。孙悟空来到天宫，获准日月星辰关闭一个时辰，通过这个小计谋成功骗过了两个目光短浅的小妖，使他们相信孙悟空的葫芦比自己的更好。于是，两只小妖就迫不及待地换下了孙悟空的葫芦，结果发现，换了个假葫芦，自己却失去了五宝之一的紫金红葫芦。这五件宝贝还有芭蕉扇、幌金绳、七星剑和羊脂玉净瓶。这只是许多神话故事中有关葫芦的一个传说，后文还会谈到芭蕉扇的故事。烧酒商以宝葫芦为店铺招幌，其中的深意可谓不言而喻。图中葫芦并非原形，而且葫芦的原色是淡黄色。

小店

通常，在一些低矮的出租屋外面可见到5号招幌，它是流离失所的工匠、流动鞋匠、街头剃头匠、磨刀人、手推车夫和挑夫可以过夜的铺所。事实上，工匠肩上扛着的是自己赖以谋生的全部家当，不停地奔波在各村镇之间。夜幕来临时，他们就带着自己的家当来到挂着小店招幌的租铺过夜。

参加过中餐宴席的人应该对中国和日本餐具中的勺子不会感到陌生，这种餐具一般用陶瓷制作而成。竹条制成的尺寸大一点的勺子就成了竹漏，饥肠辘辘的人用竹漏从沸腾的锅中把面条、粉丝等食物捞到自己的碗里，迫不及待地填饱肚子。路边的茶壶盛有热茶，一天到晚冒着热气。

　　9号招幌是次等汤面铺幌子。虽然简陋的小屋门口挂着招幌，但并不是意味着店内可以吃到招幌上的这种面条，该店只提供煮面条用的简单锅灶。次等汤面铺的食宿开销最多就五六个铜板儿。形形色色的人来到次等汤面铺，要么是饭后来住宿，要么从街上买点食材过来做饭吃。针对中国人这一独特的风俗，本书会对这类商铺做进一步的描述。

　　我们一路前行，经过一个又一个招幌，读者会看到许多招幌下面有一块三角形幌绸，十分醒目。这块幌绸到底有着什么样的含义，还须进一步观察。问其缘由，倒是引出许多趣味盎然的讨论和说法，这些说法不一定有事实依据，但读者可以选择自己感兴趣的内容。

　　有一种说法称，在招幌下添加幌绸只是为了美观。如果随机考证一下各类招幌，有的招幌没有幌绸，是设计师有意为之。

　　另一种说法注重实用性，认为招幌下加上幌绸是为了吸引眼球，红色波长最长，可以从远处看得清楚。对此，我们会在讲述货币的章节中探究其中的原因。

　　不过，还有一种说法显得最为有趣。这种观点相信，这一小块幌绸和红色所代表的意义有关系。红色通常代表着成功和幸福，所以婚礼的背景一般是红色，新年贺卡也是红色，甚至人们还在婴儿的脸上涂上红色的朱砂。但红色的真正内涵远不止此。中国人普遍相信红色可以驱魔辟邪。但除此之外，红色在四季中还具有一定的符号意义。蓝色是春天的颜色，象征着诺言。同样，红色是夏天的颜色，象征着践约；而白色和黑色分别代表了秋天和冬天。关于颜色的象征意义，后文另有详述。

第三章

餐饮作坊

　　一些西方游客善思明辨，对自己的中国游历经常侃侃而谈，但最令他们感到匪夷所思的莫过于中国餐饮。中国有着不计其数的餐馆，厨师厨艺精湛，烹饪的美食花样繁多，不知凡几。一位英国作家这样写道："在中国，餐馆无处不在，各种美食应有尽有。仅一座城市的餐馆数量和美食种类就多到在别国一辈子也见不到。"的确，这些丰富的美食在大城市里会给人留下更深的印象。从中国餐馆庞大的数目可以推断，大部分老百姓没有开灶做饭。若没有亲眼见过中国人就餐时的场面，就无法想象在这个幅员辽阔、人口众多的国度，无数餐馆忙碌营业时的壮观景象。狭窄的街头，拥挤的巷尾，以及饥肠辘辘的劳工，饭点时刻，无论男女老幼，纷至沓来，在食品摊前寻觅着各类熟食或熟食半成品，这是每个城市日常常有之情形。不过，美味佳肴虽然很丰富，但并非每个劳工都能享此口福。中国的餐馆和食品摊大受欢迎的主要原因在于，柴火煤炭等生活资料不仅匮乏，而且价格不菲，下层社会的穷苦百姓多半家徒四壁，连锅碗瓢盆都缺东少西。

本章的主旨在于一览餐馆招幌，探其究竟。面对华夏美食，我们不禁自问：难道饮食不是人类最基本的欲望吗？中国人比西方人对于美味了解更多，需求更多吗？

相对而言，中餐和西餐对于厨艺的要求标准有所不同。据说先当3年的学徒，才有资格成为中国家庭的私房厨师；但要满足西方人的餐饮需求，只需3个月的厨艺训练即可。这种说法或许没有什么道理，但侨居外国多年的中国人会非常渴望中餐，他们声称西餐不仅味道平平，而且品种单一。在中国，除了一些快餐店的西餐外，西餐厅的西餐并不受欢迎。各个阶层对于饮食的品位和要求不同，从高档考究到充饥果腹逐渐降低。因此，许多餐馆日常出售的大众食品才是中国百姓每日辛苦劳作后的真正需求。餐馆厨房里厨师把蔬菜、鱼肉等食材切成块，涂上不同颜色后浸泡在各种酱汁中。

现在我们要去一一考察餐馆招幌，如10号招幌便是餐馆招幌。但在出发之前先稍事停顿，看看一位英国作家在书中对广东街头鲜鱼买卖的生动描述：

小贩担着两罐活鱼沿街叫卖，罐子中的鱼儿

游来游去。忽然，从街边楼上的一个阳台处传来喊声。小贩应声把罐子放在人行道上，只见阳台上有人用绳子将一个篮子放了下来，篮子里放着硬币，这是用来买鱼的钱。小贩收钱后抓鱼放进篮子，随后篮子被吊了回去。买卖完成后，小贩继续沿街叫卖，忽而听到有人应答，但这次的买卖过程非常有趣，立刻引得巷子里的路人上前观望。买主放下来的绳子上拴着一个鱼钩，还有一枚更大的硬币。小贩拿住鱼钩，挂上去一小块海贝当作诱饵。买主把绳子往上一拉，熟练地把诱饵和鱼钩抖进鱼罐。罐里的鱼受到了惊吓，纷纷游到罐子的四周，看热闹的人围拢上来，愈加兴奋地聚集围观。

一条颜色鲜红、体形硕大的鱼放松了警惕，从罐子边缘游向诱饵，这条鱼卖价5角钱，而买主放下来的是2角的硬币。如果这条大红鱼咬饵上钩，成功钓出罐子的话，就意味着买主能以2角钱买下这条鱼。正当红鱼徘徊之际，一条黑色的小金鱼游上前来，盯着诱饵看。人群中有人开始为小金鱼押注，于是，认为大红鱼会上钩的人开始更换赌注。一时间人声沸腾！

罐中的鱼儿纷纷在诱饵旁游荡，它们已经毫不惧怕。水突然波动了一下，一条身上有粉色斑点的青鱼游上前来，人群中发出阵阵惊喜或失望的声音。可惜的是，这条鱼虽然很漂亮，但却个头不大，充其量仅值1角钱。狡猾的小贩早已饿了它一两天，其他鱼其实已经被喂饱了。赌局在人们的笑声中结束了，小贩径直走了，边走边叫卖着："卖鱼喽！卖鱼喽！活生生的鲜鱼哇！红鱼！蓝鱼！绿斑鱼！卖鱼啦！卖鲜鱼喽！"

我们对中国餐饮的总体叙述有些意犹未尽，或许能够表明餐饮与中国人的生活休戚相关。中国的餐饮业显示了这份执着，在每个时期与芸芸众生日日相伴。接下来，我们终于要去领略那些餐饮小摊和招幌。通常，食客通过招幌来辨别商贩售卖的商品种类。若要验证一下是否真有如此便捷，我们可以想象自己在悄悄尾随一个流浪艺人，让他带我们去一探究竟。他正朝着那个挂有小店招幌的店铺走去，看来他要在那儿过夜。他也应该知道，那个店铺不提供餐食。

米醋作坊

这个游荡的手艺人可能会在挂着6号招幌的店外驻足，这是一家米醋坊。在"长春园"米醋坊中，我们发现了各种各样的米醋。小店招幌左边的葫芦是酒铺招幌，但它又出现在了米醋招幌上。或许这是因为酒和醋之间存在着某种密切的联系。不过米醋作坊招幌上的葫芦是金色的，幌底是一块浅黑色牌匾。米醋作坊的招幌看起来金光灿灿的，耀眼夺目，让旁边的小店招幌黯然失色。中国人对于这种巨大的视觉反差早已司空见惯，不以为奇。

熟食铺

磨刀匠、修鞋匠等流动手艺人，在整日奔忙后想着要挑选合适的地方安脚歇息。他们首先会来到即食铺填饱肚子，7号、8号、9号招幌中的任何一个都会吸引他们的眼球，引其入内，这就是这些招幌存在的作用。

汤面铺

7号招幌可以告诉食客，该店出售的面条有所不同，要比悬挂9号招幌那家的面条品质更优，精心设计的招幌就说明了这一区别。从招幌可以看出，7号招幌上的黄色圆形边框要比9号招幌大得多，还有厚厚的红色流苏垂落下方，一眼就能看出哪家的面条品质更好。根据两个招幌可知，悬挂9号招幌的汤面铺只销售一种最廉价的汤面，而悬挂7号招幌的汤面铺除了面条以外，还供应面粉、食盐和各类蔬菜。

如果这是一家清真面馆，就会在招幌上加一抹绿色来表明身份，通常会有一个布条或流苏挂在招幌上或招幌旁边。有时候也会挂上一个杯子或食品的容器，以此表明该店严格遵守宗教信仰，为信教民众提供清真食物。

切面铺

流浪工匠能享用到蔬菜鱼肉的可能性不大，所以他们会来切面铺改善一下伙食。10号切面铺招幌与7号汤面铺招幌看起来颇为相似。这两个招幌均为红黄相间，切面铺招幌也有类似的红色流苏，只不过不是圆形，而是扁平状的。切面铺招幌呈长方形，涂着黄颜色，并且用黑色勾出边框，里面画着一个象征着长寿的桃子。

该招幌似乎在对人们说：本店专营切面。切面铺的切面供应充足，店主从中拿出一点，放进饭碗，或用粗糙的棕色包纸包起来，递给来客。显然，这不是一种高档食品，所以适合工匠苦力阶层的消费能力。

米铺

可供选择的食品不在少数，我们观察的这个流浪艺人很可能想吃米饭，若是如此的话，11号粳米招幌一定会引起他的注意。这个招幌的中央有一个红色的小正方形，中国百姓在饮食中用以区分优劣等次。内战、罢工、牟取暴利等行为让粳米成了奢侈品，甚至在种植稻谷的产地也吃不到米饭。

12号招幌看起来就像一张老式脚蹬，那也是米店招幌。

挂有这种招幌的米店供应各色稻米，包括最好的老米。老米是长势良好、成熟度高的一种米。"泗安记"铺幌上画的正是这种米。

流浪艺人把买到的米包起来，和其他食物一起小心翼翼地背回去。离开米店后，他满心欢喜，径直朝着休息的地方走去。我们从这里出发，继续观察面铺招幌。

面铺

我们跟随的那个流浪艺人虽然衣着寒酸，但神态怡然自乐，这令我印象深刻，心中不由隐约泛起同情之感。因为13号招幌的面条铺对他来说可谓是奢望。面条铺出售最优质的面条，是主食中的优等品，与最受欢迎的大米不相上下。然而，下层社会的百姓无力享用优质面条。

中国人对于即食面条的口味要求从细面到三四层厚度的面条不等。但域外国家也有更粗的面条，这似乎对中国人没有吸引力。我曾以为只有意大利才有面条，在中国遇到面条实在十分有趣。面条让我不止一次地想起了大蒜。面条铺的招幌由木头制成，而且涂上了浅黄色，中间以鲜艳的蓝色画出轮廓，红色的边框更能凸显出面条的特征，整个招幌的形状看起来就像一顶王冠。这个招幌为何如此设计，着实是个有趣的未解之谜。

蒸锅铺

蒸锅铺招幌形式多样，14号招幌便是其中之一种。它暗示了一种不可多得的奢侈气氛，生活在底层的中国百姓一般不会光顾蒸锅铺。然而，这种招幌展示了一些重要的特征，关系到中国人的婚丧嫁娶等人生大事，所以，即便是社会底层的老百姓，有时也不得不光顾此类店铺。"怡心馆"出售的就是这种糕点。蒸锅铺内摆满了甜食，从图中可以看到，蒸糕上面印着"福""禄"等字样，代表着幸福与财富。蒸糕本身就是祝福的象征，所以，在朋友庆生或节日期间，人们往往把蒸糕当作礼品相互赠送。但要理解蒸糕蕴藏的内涵，得分析蒸锅铺幌子的具体构图，它是所有招幌中最有趣的。

首先必须指出的是色调特征，柔和的铺幌色调似乎让人们忘却了生活的严峻。但这绝非只是为了装饰，在中国设计师的手中，不管是色泽还是线条都有其象征意义。

招幌的中间是一个圆形盘子，盘子的上、下两端各有一个正方形，正方形的中间画着桃子。桃子的头部呈红色，整个背景却是象征着纯洁的白色。圆盘中央的图案是象征丰收的谷穗，招幌最下面据说是用翠玉做成的树叶模型。

或许读者会问：蒸锅铺门口的招幌上为什么要挂上一块玉石呢？和个人的装饰喜好有什么关系？答案是：这是一种非常特殊的蒸糕。它本身就是一种象符，用玉作为蒸糕的象征自有其功用。在中国人眼中，玉石是最珍贵的矿石，他们相信，玉能养人，会让人延年益寿，是一种蕴含了生命哲学的石材。同样，中国人相信，黄金含有让人长生不老的元素。金、玉都属阳，与之相对的则为阴，所以，在人们的认知中，玉作为阳之精华，象征生命。

在后文的章节中我们将继续考察中国人的金石崇拜及其具体的做法。他们会把小块黄金和玉石放进死者的嘴里，为的是不让尸体腐化。之所以如此，是因为中国人相信，人死以后，阳气组成的灵魂会回到阳世，而金、玉等物维持着亡魂的力量（在灵魂与肉体的关系中，灵魂为阳，物质为阴）。

由此可见，人们希望蒸锅铺招幌的图案能吸收阳气，或许，这包含着比生日祝福语更为深刻的寓意。同时，招幌表达了一种信仰，那就是玉石会让人获得长寿和延续香火等附加意义。

根据古礼，金银珠宝的粉末是要用来食用或饮用的。埃及艳后①或许正是出于这种信仰，相信金银宝石拥有护身效果，才化金银为汁，并一饮而下。但蒸锅铺的招幌绝非表明蒸糕里加入了玉石粉末。

我们之前见到的招幌上画着的桃子，为招幌增加了几分

① 克利奥帕特拉七世（约前70—约前30），通称为埃及艳后，古埃及托勒密王朝最后一任女法老。她才貌出众，聪颖机智，心怀叵测，一生富有戏剧性。特别是卷入罗马共和国末期的政治旋涡，同恺撒、安东尼关系密切，并伴以种种传闻逸事，成为文学和艺术作品中的著名人物。

趣味。我们继续在中国招幌之林穿行，桃形图案屡见不鲜。这里不妨让读者回忆一下中华艺术中桃文化的起源，了解桃文化的更多知识和内涵。

中国古代文学作品中不乏许多以桃树为题的传说，其中的桃树都有古老的树龄，有些甚至是万年古树。文学中虚构的人物在模模糊糊的东方或是西方世界偶然遇到这些古树。古籍《神异经》①中讲到一棵古树，足有500英尺高，树枝有8英尺长，上面的果实有3英尺多高，从其桃核中能提炼出长生不老药。

几乎所有关于仙桃的传说都起源于道教，这体现了道家信徒对老子的崇拜。但佛教观世音菩萨的故事也与仙桃有关。深受人们喜爱的西天王母娘娘经常出现在绘画、瓷器和石刻艺术中，在英文世界中，西天王母与蟠桃的故事也广为流传。

传说西王母母仪天宫，在昆仑山的宫殿里，和众神拥有一个种满了桃树的花园。王母在桃园召见贵客，并且以树枝或蟠桃相赠。在桃园中受到西王母接见的贵宾，就有周穆王和汉武帝。据记载，汉武帝去拜访西王母的时候，受邀参观桃园中的千年桃树。他们走近其中一棵桃树时，西王母对汉武帝说，这棵桃树3000年才结一次果。她摘下一些最好的桃

---

① 《神异经》是中国古代神话志怪小说集，共1卷，47条。旧本题汉东方朔撰。书中记载了不少神话传说，尤其是关于东王公、穷奇、昆仑天柱、扶桑山玉鸡等，是珍贵的神话资料。

子（我怀疑是不是3英尺长的那种呢？），热情地赠送给了汉武帝，告诉他只有在仙境中才能种植此类桃树。

观音和桃子的故事据说发生在观音还在人间的时候。身为兴林国①妙善公主的观音，却对王室的繁华生活十分厌倦，最后因拒不嫁给父母为她挑选的王子为妻，而招致父王大怒。父王下令处决她，但就在剑落的一刹那，公主的头顶现出一道紫色的光圈，落下的剑变得绵软无力。妙善公主知道，只有自己死去才能消除父王的愤怒，于是祈求上天撤回对她的保护。至尊佛答应了公主的祈求，就在刽子手的弓箭触及她脖颈的一瞬间，至尊佛让公主的灵魂毫无痛苦地出了窍。就在这时，一场可怕的天灾席卷全国，山崩地裂，万木倒塌，天昏地暗，日光不现，禽兽溃奔逃往森林，全国哀号，万民齐悲。在可怕的混乱中，一只老虎跑来，叼起公主的尸体后就消失不见了。

公主的灵魂悠悠荡荡地来到了死神阎王那里，在阎王的命令和众神的协助之下，灵魂回到了公主的身体。公主苏醒过来后发现自己躺在林边的空地上。一位天庭饱满、额头硕大无比的老人出现在她的旁边，右手挂着拐杖，左手拿着仙桃（想必读者已经猜到他是寿星老人）。寿星搀扶公主起来后，告诉她圣山之巅有个紫竹林，她可以去那里找到内心的

---

① 兴林国是传说中的国名，相传是观世音菩萨的出生地。一说位于印度，一说位于中国，在南北朝时建国。

安宁，修悟佛法。寿星把仙桃赠予公主，称仙桃可保她免受饥寒疲乏之苦，随后就让公主上路了。

糕干铺

读者或许会担心神话故事之外的故事索然无味，为了消除这种担心，我们还是赶紧把注意力转移到14号和15号两个招幌上来。不难看出，这两个招幌颇多相似之处。挂有15号招幌的店铺出售一种特殊糕干，招幌上面也有一块类似的璞玉，只不过被放在招幌的顶端。最下面是一朵莲花，仔细想来，莲花让人联想到了佛家所讲的天界。在那里，莲花漂浮在平静的圣湖上，灵魂被禁闭在莲花花萼中，等待着升入天堂的时刻，这一话题本书后文会详细谈及。

不过在新年节庆期间，佛、道、儒以及基督徒都把糕干当作节日美食。在城市的一些商店里，全年都能买得到糕干；但在农村地区，老百姓只有过年才会在自己家里做糕干。具体做法是：先把大米蒸熟，然后粉碎，加水做成米浆，加入牛奶便可以做成糕干了，不过，只有满族人才会加牛奶。糕干做好后，切成半英寸厚，个头差不多有日本薄饼那么大，然后进行烘烤即可。

重阳节期间食用的是另一种糕干，据说吃这种糕干可以延年益寿。根据汉朝的传说，重阳节是人们登高拜月、祈求长寿的节日。传说一位大学者在接到神谕后，带着家人来到一座高山之巅，从而躲过了一场天灾。回到家时他发现，所有的家畜都已莫名死亡。为了庆贺自己躲过一劫，他和家人把龙、昆虫等各种纸扎动物放飞在天空，由此，开启了重阳节放风筝之先河。

端午节期间人们食用粽子，同时用它敬献龙王。其时江上形态各异的大小龙舟齐聚：大龙舟来回巡游，船上旌旗飘扬，水手身着古装，奋力划桨；小龙舟上锣鼓震天，争流江中。屈原曾因为愤慨于朝廷的腐败而投江自尽，百姓为纪念他而举办端午仪式。同时，端午节是百姓祈求风调雨顺、穰穰满家的节日，是祥龙飞天的日子。

点心铺

16号、17号和18号招幌也是点心铺招幌。16号和17号招幌表示全年出售各类点心、饼干和酥饼。16号招幌是长长的一串，垂挂在点心铺门前，比较常见，与17号招幌相映成趣。许多茶馆和饭馆也提供点心，它们的门前经常能见到象征着各类点心的招幌。悬挂17号招幌的店铺售卖的点心颇具特色。店铺的招幌由4个菱形或椭圆形组成，彼此串联起来，涂成黄色。黑色线条勾勒的图案富有中国文化元素，看起来非常有趣。位于最下面椭圆形上的图案是象征着永生的七彩祥云图。祥云上的玉磬是一种重要的乐器，通常在庙会上可以听见它悦耳的声音。北京夫子庙举行的庙会上，君王会来此向圣贤焚香致敬。玉磐是吉祥八宝之一，八宝还有方胜、宝珠、古钱、犀角、银锭、珊瑚和如意。在本书第一章提到的中和堂药店，人们拿这些东西入药来治疗眼疾。玉磐之上的椭圆形上画着一把扇子，背景图案上密布云彩，波浪汹涌，那是《西游记》中金角大王和银角大王所持五宝之一的芭蕉扇。在中国神话传说中，芭蕉扇和宝葫芦一样，是天神与妖怪使用的武器，法力无边。出现在点心铺的招幌上，可能是芭蕉扇最有趣的凡尘之旅了，它也寓含了现代商业的竞争精神。读者或许会想到中国道教的天庭最高首领玉皇大帝，通常，天庭按照古代世俗皇权机制来处理各种仙界事务。也就是说，在另一个世界，同样有许多职能各不相同的机关部门，天上的官员也有等级高低之别，他们在仙界各司其职，掌管着星宿、河流、火光雷电，以及医药、瘟疫、驱邪等。

传说一位修炼成仙的老道士名叫吕岳[①]，精通瘟疫法术，身着红袍，面如蓝靛，赤发獠牙，三目圆睁，手持双剑，骑金眼驼。但在一次战斗中，他现出三头六臂之形，两手各持一头，另持形天印、瘟疫钟、指瘟剑和其他法宝，青面獠牙。交战中，吕岳被木吒砍下一臂后设法逃脱，怒火中烧，决心要为自己报仇。

为了报仇雪恨，吕岳从军入伍，并在军队驻地不远处的

---

① 吕岳，明代神怪小说《封神演义》中的虚拟人物，九龙岛声名山的炼气士，截教门下，师父为通天教主。

一座山下布下瘟癀阵。后来，在和二郎神杨戬作战时，杨戬放出哮天犬咬伤吕岳的头顶，道德真君门徒杨任携五火七禽扇大破瘟癀阵，吕岳被逼退到自己的营地。吕岳站在城墙最高的城垛上，打开自己所有的瘟癀伞企图让杨任感染病菌，但杨任只是轻轻扇动自己的宝扇，就将所有瘟癀伞连同吕岳一起扇为灰烬。

以上便是点心铺招幌上的神扇降妖除魔故事，足以表明神扇的无边法力。上面那块椭圆形上画着石榴，象征着成功。招幌最上面是一个虎头的形象。在中国人看来，老虎是神圣的兽类。老虎身体的各个部分都可以用来做成药材，但以任何目的猎杀老虎都会被视为重罪恶性而遭人唾弃，可能还会招致神灵的报复。对人类而言，天神统治者神意难测，所以，即使是出于正当的原因猎杀老虎，也会遭到天谴。一直以来，人们坚信如今中国森林滥伐现象是由砍伐大树驱赶野兽造成的。然而与此同时，林中的兽类却似乎都颐养天年，两者颇为矛盾。猎人猎杀老虎后，带老虎尸体到最近的寺庙，烧香敬拜，以此来慰藉保护老虎的神灵。赌徒也将老虎拜为神灵，以求护佑，赌场中的画卷、木匾上画有老虎图像，爪子抓着钱。在这种场合，老虎有一个称号——招财虎大人。

元宵铺

元宵点心铺的招幌象征着一系列节日盛况，包括春节和元宵节。元宵佳节，举家团聚，家家户户吃元宵。18号招幌代表着汤圆，汤圆皮薄味甜，象征着团圆。元宵节标志着正月里所有假期的结束，第二天便是新一年工作的开始，然后马不停蹄一直到近半年以后的端午节时，才会有短暂的假日。西方早已盛行星期日公休制度。在中国，目前只有一些受到西方理念影响的工厂才开始采纳这种休工制度①。

为什么要用这种招幌来作为汤圆的象征？怎么看，它也不像汤圆，还真有点匪夷所思。用薄薄的竹片制成的两个球状的东西，从中间连接在一起，顶端装饰着很多小棉球，表明该店还出售其他种类的蒸糕，但这些小棉球在节日过后就会被摘取下来。

姜店

外国来华侨民向来把19号招幌代表的店铺称作姜店或是

_____

① 19世纪末20世纪初，中国即将由清朝进入民国的变革时节，学习西方，关注时事，一系列的新生事物逐渐出现：为方便民众，公共阅报社、图书馆相继设立；接受西方的公务人员休息制度，实行星期日公休。当时西方人在中国办了许多学校，这些学校都实行星期日休息制度，慢慢地这种制度也传到中国自办的学校。1902年，清政府颁布关于中学和大学的有关章程，明确规定星期日休息。虽然这仅仅限于学校，但主管教育事务的学部也逐渐形成了星期日不办公的制度，后来商部（主管经济）和外务部（主管外交事务）以至于最保守的礼部和吏部也开始实行这一制度。在此影响下，清政府的中枢部门都开始实行星期日公休的制度。

百货店。招幌是由竹子编的圆盘，盘内有个红色的方框，框上用8个大字写着店铺出售的商品类别。有自制生姜、各种书写纸张以及在春节和端午节用来制作纸花和灯笼的彩纸。该店还印制销售冥币、香烛和祭拜用的各种祭祀物品。其中两个竹盘上写着"百货"二字，意味着可以从这里买到各类商品，中国人能很好地理解这两个字的内在含义。但不管怎么样，说明姜铺物资充沛，货源丰富，干果、蔬菜、燃料、食用油、醋甚至酒水等一应俱全。

笋铺

20号招幌同样是两个用竹子编成的圆盘，圆盘上红色的方框内写有汉字"玉笋"。产于南方的竹笋，经由迢迢水路运抵天津，然后通过火车运至京城，成为人们餐桌上的美味佳肴，竹笋招幌如是广而告之。上面是个"玉"字，读者很容易望文生义。然而奇怪的是，中国人用"玉"字既指珍珠，也指玉石，"玉帝"这个称谓也寓含此意。

香油铺

21号招幌悬挂在香油铺门前。香油是一种从芝麻籽中提取出来的食用油。芝麻是一种颗粒微小的农作物，用途广泛。香油和西方的橄榄油一样，可做沙拉调味剂的主料。用蔗糖或蜂蜜把芝麻和杏仁拌在一起就能做出一种甜品，然后整齐地切成圆条或正方形，便成了糖果。西方食客或是中餐馆的老主顾比较熟悉方形芝麻糖。点心上常常撒些芝麻用来做点缀之用。香油铺招幌上的"小磨香油"四个字说明，香油是通过小磨盘研磨芝麻籽而榨取出来的。然而，对于不识字的人来说，招幌上的字可有可无，因为他们可以从招幌圆盘的颜色进行辨别。

如果这种招幌下面没有幌绸，意味着商家销售的是用豆粉做成的大型圆饼，这种饼没有甜味，所以通常不叫糕点。此类招幌在中国北方农村地区的街摊上随处可见。外国人把这种大圆饼称为"轱辘饼"，它是做苦力的和穷苦百姓午餐的主食。

以下这首童谣反映了豆面饼的一些特征：

豌豆糕点红点儿，

瞎子吃了睁开眼，

聋子吃了听得见，

瘸子吃了丢下拐，

秃子吃了长小辫，

神父吃了读经溜，

男人吃了不怕媳妇，

女人吃了更贤良。

奶茶铺

食品类的最后一个招幌是22号招幌，其历史渊源最令人费解。重新认识一下奶茶铺招幌上最关键的文字信息，倒是一件趣事。招幌上面写着"奶茶"两个大字，这类招幌在上海难以见到。在原先的幌名上加上其意义新解是很有趣的事情，第二个"茶"字有时会显得异常突兀，人们对此众说纷纭。首先需要说明一下，关于这个招幌，我专门有过请教，大部分人表示对此不甚了解，一些人给出了如下答复：

①它是茶舍，如果客人需要，也会供应牛奶。

②它只是茶屋，因为中国人没有喝牛奶的习惯。

③它是洋茶店，出售加了牛奶的茶水，与本土品牌的茶屋形成对比。

④北京人的解释：奶茶铺招幌是一种简陋、特殊的招幌，不同于茶馆通常使用的招幌。

正规的茶商往往会悬挂黑色牌匾，上面只有一个金色的"茶"字。茶馆也采用和茶商同样的牌匾，因为公园里亭台楼阁鳞次栉比，茶馆隐身其间难觅其踪，所以牌匾上面也刻着"茶"字，就像上海老城厢的茗茶馆那样。

这种独一无二的招幌为来来往往的蒙古族旅人传递着信息。因为蒙古族人爱喝牛奶，他们的奶茶是一种经过熬制的热汤，加入了黄油和其他调味品，放在锅中在火上煮沸。招幌上所写的"茶"绝非其他地方所熟知的茶叶，而是一种用茶末压制而成的茶块，形似一块深棕色的砖头，所以称作"砖茶"。饮用奶茶时，将奶茶从大锅里倒入像德国啤酒杯大小的铜杯。在内蒙古地区，这种铜杯现在已经取代了中国普遍使用的茶壶。

在北京一些简陋的场所，挂着这种黄色招幌的地方会有奶牛场和奶牛。招幌上的这个"奶"字深受蒙古族人的喜爱，对他们而言，身在异乡能够吃到家乡的干酪，不失为一件快意之事。

此处还须赘言几句，招幌的形状并不代表蒙古族干酪也是这个样子。蒙古族干酪是被切成6~8寸大小、3寸多厚的方块，非常坚硬，呈白色，虽然扁平无咸味，但非常好吃。蒙古族人在蒙古包的中间位置放着火炉，用来煨煮食物。一串串干酪挂在蒙古包的墙围上，虽然不在显眼的位置，但却让蒙古包增添了几分生活的气息。

汉族人没有食用干酪的习惯，所以汉语中并没有与之对应的专门术语。洋人买办及其用人称之为干酪素或者奶酪，是因为他们叫不出准确的读法。中国的穆斯林也食用干酪，他们称干酪为"奶饼"。

篇二　仪容服饰

第四章

仪容裁度

梳理北京街头商铺屋檐下悬挂的古朴典雅的招幌，以最妥帖的方式介绍给读者，让读者对习以为常的民俗风情产生兴趣，不啻是一件愉快之事。仔细考证收集而来的所有招幌不难发现，招幌品目繁多，蕴大意深，需要分门别类才能让读者析微察异，避免混淆。最有可能让读者产生兴趣的招幌应该是本书前文所述的餐饮类招幌。

然而必须得承认，通过不同名目类属来对繁杂的招幌进行划分归类，主要的依据是人类天性的内在需求。通过这种方法讲述招幌，可以让读者更加认同本书的篇章结构。

本章将实地考察澡堂、理发店及其内景陈设等，逐一探究它们的招幌符号。当我们经过这些店铺时，读者朋友或许也会展开想象的翅膀，和我们一起穿行在目不暇接的招幌中，明辨个中意蕴。

公共澡堂

澡堂门前高高的幌杆上挂着一个小灯笼，光线昏暗，婆娑摇曳，这就是23号公共澡堂招幌，在中国各个地区比较常见。中国的澡堂数量众多，远非初到中国的西方游客所能想象。西方游客往往行程匆忙，走马观花，容易草率得出结论，殊不知是一叶障目不见森林。他们从某个公共澡堂推断中国人的个人卫生习惯，但却没有留意大街上有多少澡堂和澡堂内部的卫生设施。

公共澡堂在中国比比皆是，从其普及程度不难发现，洗澡在中国人的生活中至关重要。公共浴室在许多西方国家相当普遍，中国也是如此。中国公共澡堂风靡全国，并非因为它是公众聚集的游乐场所，而是因为许多家庭没有完备的淋浴设施。若澡堂仅限某一个阶层的人群使用，那么其功能将会大打折扣，事实也远非如此。中产之家的盥洗室里通常有圆形或椭圆形的移动式浴缸，以及其他较为完善的洗浴设施。但公共澡堂自有其特色，丝毫没有受到家庭盥洗室的影响。

中国没有供妇女专用的澡堂，也从来没有人提出此类建议。所以不难想象，妇女、儿童基本上占用了家里大多数的洗浴资源。若哪位妇女在任何地方，哪怕是私下悄悄表达一下妇女专用澡堂的意见，也会让人感到不可思议，还会受到别人的斥责，中国人对妇女的这种偏见由来已久。

中国公共澡堂里没有暖气，大理石铺成的卧榻十分坚硬，沿墙根摆放着背靠硬挺的椅子，整个布局显得非常单调。西方人印象中的中国澡堂，正好印证了心理学家分析中国人心理后得出的结论——华夏民族是一个漠视身体舒适的种族。这分明是以种族主义理论为基点而得出的结论。但是，不同文化心理下观念的差异是无法克服的。现在，英式安乐椅已经出现在很多中国家庭，这足以表明，现代变革的力量正从根基上对这个古老文明产生着影响。

东西方观念在很多方面的差异与冲突由来已久，在放松身体的观念中也是如此。老一辈中国人对西方人的许多观念——尤其是娱乐消遣活动——感到诧异，但他们的子女接受西方观念后并像西方人那样消遣娱乐时，他们的好奇心理明显减少了许多。西方人对东西方文化差异茫然不解，他们甚至在不甚了解的情况下盲目解决文化冲突问题，有时用心良苦，却还是引发了许多好笑之事，这样的例子不胜枚举。下面这则逸事便是一例：

一位心肠慈善的老太太初往中国旅行，所到之处的贫困景象让她深感痛心，尤其同情那些百无聊赖、扎堆闲谈的村民。村民以中国人特有的"歇工"姿态蹲在地上，双臂垂歇在弯曲着的膝盖上，脚跟支撑着身体的重心。这种蹲姿在中国非常常见。

一路上看到无所事事的人们蹲歇的样子，这位善良的老太太感到忧心忡忡。为了让自己心安，她捐款为火车站站台修建长凳。获捐的车站人员对老太太的行为感到十分不解。在离开车站之前，她对车站人员说，自己不久后会回来查验捐款的落实情况。后来，这位乐善好施的老太太乘车原路返回察看，通过自己的行为体现了博爱精神，内心知足而快乐。

有一次，她在一个车站下车后发现，长凳虽然没有按计划摆放，但却安置在合适的位置。她想帮助的村民没有像往常那样蹲在地上，而是蹲在长凳上休息闲聊。看见这一幕，不知老太太会作何感想。

所以，没有经验的旅行者自行其是，殊不知自己的行为多么滑稽可笑。西方游客在中国游历时，或态度傲慢，或心怀成见，这些心态已根深蒂固。当然，常来中国的人是不会犯这种错误的。因此，考察澡堂招幌的旅行要有所收获，就要以开阔的胸襟去观察中国人沐浴仪式之种种情形。要明白中国人多久洗一次澡，在很大程度上取决于个人性格和职业性质，不论他是乡下农夫，抑或是身居大城市的城里人。

澡堂内景给人的第一印象是极为接近西式泳池的结构，

但它与自来水循环供水的西式泳池不可同日而语。这些澡堂几乎全由穆斯林经营，考察一下伊斯兰教教义与公共浴室之间的关系应该极为有趣。中国4亿人口中大概有5500万人是伊斯兰教徒。这里最大的澡堂可容纳100人同时洗浴。据说，这儿洗浴池的水一天只换一次，小规模澡堂与它没有大的区别。

23号招幌象征着公共澡堂，它不同于那些供有钱人和官宦阶层使用的浴室，那类浴室设有单间，里面有瓷盆，每件洗浴设备都十分舒适。尤其是上海一些新开张的浴室，奢华程度难以用语言来描述。这类浴室可以租用一整天，甚至不限时长。众所周知，许多公务谈判正是在这个环境中完成的。不过我们的眼光不能仅仅局限在招幌代表的这类公共澡堂上，因为还有许多现代澡堂，提供公共浴池供普通大众使用。

澡堂内部的整体格局大致相同，都有深浅不一的方形浴池，头等、二等和三等更衣室。池内还有隔挡，从中间把浴池一分为二，一半为温水，另一半为热水，洗浴者坐在隔挡上搓澡洗浴。中国人在洗浴时喜欢用非常烫的热水，用量巨大。中国人受到西方的影响越来越大，人们对于公共澡堂的要求就越来越高。结果，许多通商口岸城市的家佣对公共澡堂的卫生条件进行了激烈的批判，因为外国人居住的现代洋房里为其提供的洗浴条件要远胜公共澡堂。

在时下中国万众瞩目的民主氛围中，人人都可以享用公共浴池。人们通过选择不同档次的更衣室和额外的服务来彰显阶层和地位的差别。洗澡的花费按照不同的消费，由2角到6块大洋不等。自己动手洗澡的费用最低，但数量寥寥。故而每家澡堂都有许多搓澡工，只需花费几个铜板，就能让其代劳搓澡，客人只需沉浸在温暖奢华的浴室里，舒展着身体，或者趴在浴台上呼呼大睡。浴池中的水深浅适宜，双腿垂悬在浴台边缘，客人不会站在水里让人搓澡。

至于浴池的卫生问题，中国人相信热水可以杀死细菌，还有助于治疗身上的疾病。甚至还有一种说法，认为别人洗浴用过的水比新鲜水效果更好，所以在农村地区，身患病痛的人不喜欢在早上没人时去公共澡堂洗澡。

中国还有一种没有浴池的澡堂。这种澡堂主要在偏远山区，尤其是北方的村镇。每逢旱季，那些地方的供水极其有限。当地的澡堂和其他地区的澡堂大致相同，只不过澡堂中央是歇坐的地方，没有浴池。四周有一圈浴室，房子里放着便携式浴盆，浴盆有圆的，也有椭圆的，很浅。浴盆上面搭着一块木板，客人坐在木板上，让搓澡工搓洗擦背。洗完以后，客人就会来到一间大房子，安逸地坐在沙发上，让人给他修脚、剃头。修脚匠和剃头匠在中华大地颇受欢迎，修脚、剃头已成为所有澡堂的标配业务。经过剃头匠的一番打理，客人看起来面貌一新。

剃头铺

25号招幌是剃头铺招幌。中国人不自己动手剃头，所以就得光顾剃头铺。然而，华夏民族天生毛发稀疏，剃头匠更多的是帮人洗头、采耳，这听上去有点奇怪，但情形的确如此。剃头匠主要帮客人剃头，需要修面、刮胡子的人相对较少。有些地方有刮光头的习惯，大部分中国人只需剃掉两鬓和额头的头发即可，留着长辫子的客人必须把辫子周围的头发剃光。总的来说，那块大约2英寸长、1英寸宽、中国人叫作"剃头刀"的铁家伙真不简单。不涂肥皂，热毛巾敷在脸上10多分钟后，剃头匠拿着它在你的脸上、头上上下飞舞。外国人看到这种剃头刀的样子是不敢去理发的，但据说实际的体验并不会让人害怕。

在农村地区，留长辫子的情况依然十分普遍，蓄长辫者多为劳苦大众。他们会雇请一位地摊剃头匠，在热水铺边为自己修理长辫子。当剃头匠给客人修面、编辫子的时候，客人的牛群在旁边优哉游哉地咀嚼着草料。在中国所有阶层中，最勤劳的阶层应该就是这些钟情于长辫子的人，正是他们憨厚实在的外貌特征，激起了外国人前往中国旅行的热望。这让我想起了诗人白居易在公元832年创作的几句诗，十分有趣。白居易是诗人、学者和政治家，一生先后担任杭州刺史、苏州刺史和河南尹。他用下面这首诗表达了自己的脱发之苦：

嗟发落

朝亦嗟发落，

暮亦嗟发落。

落尽诚可嗟，

尽来亦不恶。

既不劳洗沐，

又不烦梳掠。

最宜湿暑天，

头轻无髻缚。

脱置垢巾帻，

解去尘缨络。

银瓶贮寒泉，

当顶倾一勺。

有如醍醐灌，

坐受清凉乐。

因悟自在僧，

亦资于剃削。①

　　再回过头来看看剃头铺的招幌，那是一块长方形的白布。有人告诉我们，用白布来做剃头铺的招幌，是为了激起

---

① 彭定求：《全唐诗》，中州古籍出版社2008年版，第2281页。

人们对于洁净的渴望。写在白布中间的两个大字"整容"，就是为了提醒那些知书达理之士和上层人物要时刻注意自己的仪容仪表。黑色纹路的图案似乎没有什么特别含义，下面的波浪图案似乎有点像字符的形状。剃头铺招幌虽然简单，但却易于识别辨认，即便没有汉字提示，人们也知道这是剃头铺幌。

裁缝铺

澡堂招幌旁边的24号招幌是裁缝铺招幌。黑色底板，上面写着"成衣"两个大字，其中的含义不言而喻，一目了然。正如茶铺招幌那样，上面只需一个"茶"字，就能让人明白店内所售何物。

裁缝铺招幌比常见的招幌要小很多，因此从很远的地方就能辨认出来。如果从招幌上看不出这是裁缝铺，那么，铺子内部的特征也能说明店铺性质。在中国，人们从事的各种工作都不神秘，几乎三百六十行均可在公众场合毫无忌讳地操练起来。

据说，裁缝店的内景也是平淡无奇。里面只有长长的桌凳，店员和老少不一的男人们忙碌着，但没有女人的影子。裁缝的孩子和家眷也居住在店内，还有几个摸牌打麻将的朋友，这倒是给裁缝铺增加了一些额外收入。不过也有那种专业的制衣坊。中国人向来习惯自己购买心仪的布料，把裁缝请到家来给自己量体裁衣。现在在通商口岸专门为外国人提供服务的裁缝店是一个例外，这种店里偶尔还能见到女裁缝。

随着越来越多的外国人来到中国，他们经营的裁缝店已经占据了中国制衣业的半壁江山。在中国旧社会，裁缝不受人尊重，收入在各行业中几乎垫底。人们普遍认为，裁缝铺是坑骗顾客的地方，在向顾客要求布料数量时，会骗取一些佣金，即便如此，他们也永远不会满足。然而，外国人经营的裁缝店却大大改变了人们的这种偏见。

中国人非常注重服饰装束，为了适应天气的变化，也需要不断换服易装，裁缝制衣从而成为经久不衰的行业。中国人的服装种类繁多，从蓑笠轻丝到绸缎绫罗，从粗麻布衣到锦衣貂裘，长袍短褂，摞摞搭搭地穿在身上，至于穿多穿少，那得根据天气寒暖、屋内屋外温度高低的需要而定。

中国人裁剪衣服的方法与西方人完全不同。中国人裁剪衣服时，先用肉眼目测个大概，然后才会用规尺测量。裁缝先画出衣服的整体轮廓草图，把衣服的后背、前襟、侧帘、两袖等都画在一整块布上。衣服的接缝处会被粘起来，而不是先用长脚针拼接起来后再用丝线密缝。女装也由男裁缝制作，小男孩则做刺绣的活计。中国的妇女一般表现得比较笨拙，虽然也有一些人比较出众，会动手给自己做绣花鞋。近来，在外国传教士的协助之下，中国妇女中涌现出一批刺绣能手。年轻妇女掌握国外制衣技术后，带动更多的中老年妇女加入了制衣大军。

估衣铺

　　招幌考察之旅继续进行，在本章，我们将带领读者踏上
手工制造业领域，裁缝铺亦可位列其间。上一章介绍了中国
人在购买服装时的大概情形，又介绍了如今越来越受人喜欢
的成衣铺。招幌对于成衣铺而言是多余而无用的。因为店家
用长杆把许多衣服串起来后，挂在门口的墙上，衣服杆子延
伸出去，甚至遮挡了半条人行道，连店铺招牌也被挂着的衣
服覆盖了，这样做是为了吸引顾客。繁忙的街市人声嘈杂，形
形色色的商家小贩高声叫卖，他们永远都是精力充沛，朝着来
来往往的顾客宣讲着自家商品舍我其谁的完美品质。

　　一眼可辨，27号招幌代表的是一家估衣铺。招幌没有采
用别的花样，只用一件衣服就能明白无误地传达商品信息。

北京的店铺有个特别之处，他们绝不会改换自家招幌，去迎合社会风俗的变革和时尚潮流，服装店尤其如此。北京的铺主认为，政治的动荡与自己无关，只要当局者让他继续开店经商即可。可是，政治的风云变幻对商业的影响并非微乎其微！在任何情况下，由于政治的变革而彻底改变某类服装或饰品时，铺主就会更改商品目录，撤下停售之物即可。只要店铺招幌能展示出其所售的物品为服装鞋帽或其他任何物品，即便招幌本身看起来落后不入流又有什么关系呢？如果有人要找一件外套，他知道可以在悬挂估衣铺幌子的店铺里能买到自己想要的物品，这就足以证明，店家的招幌名副其实。

毡帽铺

如果有人想要购买帽子，一定会去挂着26号招幌的毡帽铺购买。光临毡帽铺的顾客更了解这面招幌代表的历史，毡帽铺招幌无不体现出往日生活的记忆。他的目的十分明确，就是买一顶招幌上的那种毡帽。至于要不要取掉毡帽的装饰品，店家觉得大可不必，因为取掉装饰品会让毡帽整体的卖相大打折扣——中国人向来注重商品的艺术品相。店家会委婉地问顾客：为什么要去掉帽子上的装饰品呢？结果是这些装饰品往往会被保留下来。

鞋底铺

28号招幌是制作鞋底的作坊招幌。作坊内，布料、丝绸鞋底和制作各类鞋底的毛毡一应俱全。这类鞋有时也被人叫作"便屦"，它已成为中国鞋的一大特色，人们甚至穿着这种底子的鞋上战场。招幌上的鞋样如今已寥寥无几，很难见到了，但悬挂着的招幌显然说明，其时流行的摩登鞋样无法完全取代这种毫无美感的毛毡鞋。

当鞋底破旧无法使用时，人们会让流动修鞋匠把旧鞋底换掉。修鞋匠依照旧鞋底的样子，用自己随身携带的皮革或毛毡会裁剪出新的底样。

鞋面铺

29号、30号、31号三个招幌展示的是鞋和袜子类商品。29号招幌由一块长方形红布制作而成，垂挂在一个黄色木质装饰架下，象征着女鞋面料。中国妇女崇尚的流行色中，红色是个例外。除了能在新娘子的婚鞋上见到红色之外，几乎很难再见到红鞋的踪迹。或许是因为中国人向来把婚礼与幸福关联起来，铺主选择红色制作婚鞋。

可用来制作鞋面的材质面料种类繁多，有带花纹的缎子和丝绸，花色或单色的天鹅绒以及布料。女鞋的形状与男鞋并无二致，但男鞋通常用皮革制作，而且很薄。以上材质的鞋样在民间比较流行，现在越来越多的人受到西方的影响，她们身着中式服装，脚蹬高跟鞋，不再穿传统的中国鞋。此外，裹着三寸金莲的小脚妇女，按照自己的身份穿着丝绒或布料做成的尖头鞋，或者穿着富有现代气息的黑皮鞋，但这种皮鞋她们穿着并不合脚。

成鞋铺

30号招幌是出售各类鞋、靴的鞋铺幌子，上画着所售鞋类的式样。鞋铺店主认为，不必大费周折地去改变招幌的样子，只需把旧招幌时不时地翻新一下，便能随时跟上时代的潮流。北京的老百姓很清楚，在这家鞋铺可以买到流行款的成品鞋类。鞋子、靴子不能像衣服那样量身定做，所以，女鞋店经常是人来人往、一派繁荣兴隆的景象。

袜子铺

31号招幌是袜子铺幌。中国人穿的袜子由厚厚的白棉布缝制而成，店铺出售的袜子尺寸和顾客希望的差不多大小。通常人们把棉布袜子穿在针织袜子的上面，外国人的家佣阿妈就是这般装束，她们的袜子十分显眼。但家佣穿的袜子和招幌上的袜子图样又有不同。招幌上的袜子在袜口、脚跟和脚趾处有黑色图案，饰有飞舞的蝴蝶图案，但家佣的袜子上没有这些图案。在北方，尤其是农村地区，不论是否裹了足，妇女都穿招幌上的这种袜子，男人也不例外。由于白色袜腰高于脚踝，裤管会遮住袜子，所以南方人似乎不太喜欢。

马踢胸

32号、33号和35号招幌是出售3种清朝遗物的店铺幌子，店内所售物品在如今这个时代已渺无踪影。它们在革陈除旧的历史浪潮中淡出了人们的视野，与封建社会相关的服饰随之烟消云散。此处介绍清代等级徽章类招幌，仅仅是为了引起读者对招幌文化的兴趣，让读者透过现代街头招幌，对过往的历史平添几分想象。等级徽章是清代官宦地位的象征，慈禧执政时期，它不知让多少人为之心醉。

32号招幌说明，该店出售官马和军马佩戴所需要的装饰品。图中的红缨踢胸系在清代将官坐骑的鞍前颈下，威风凛凛。

帽铺

33号招幌上写着"一品帽铺"四个大字，说明这是一家帽子铺。招幌上的字眼明确表明，该店出售的是清代一品大员的专用官帽。招幌顶部的装饰品从款式和颜色两方面均体现出不同官帽的等级高低，顾客在这家店里应该能买到各个等级的官帽。

品级翎

35号招幌是一家出售不同品级官帽装饰物的店铺招幌。招幌中的装饰物均由人们熟悉的马毛、羽毛或丝绸等材料制作而成，其中的羽翎直直地从清代官员帽子后面垂下来。

清代官员的官服一般有两套，一套用丝绸做成，用于平时穿戴；另一套由羽绒做成，在婚庆典礼或葬礼场合穿戴。

孔雀翎是"巴图鲁"①的标志，"巴图鲁"在满语中的意思是英雄、勇士。清朝初期，"巴图鲁"是许多汉族人和满族人向往的一个封号。时过境迁，当这一勇士的封号授予一些毫无战功的庸碌政客后，其昔日的魅力已大打折扣。起初，"巴图鲁"代表着最高的荣誉，只有勇武者尤其是在战场上立下赫赫战功的勇士才能获得这个封号。但清朝后期，官员通过金钱交易就能获得名誉上的"巴图鲁"封号，享有佩戴孔雀翎的特权。

---

① 巴图鲁，满语，意为勇。源自蒙古语的"英雄"一词，在元、明时期有"拔都""拔都鲁""把都儿"等不同汉语音译。明朝末期，"巴图鲁"成为女真人的称号。此后，逐渐发展为清朝时期赏赐武将的封号。一般而言，"巴图鲁"勇号有两种：第一种只作"巴图鲁"，不再加修饰词语，为普通勇号；第二种在"巴图鲁"之上还添加其他字样，为专称勇号。

头发铺

36号招幌是头发铺的招幌，该店销售假发。清政府强令全国人蓄留长辫，极大地推动了假发贸易的发展。光顾头发铺的顾客都是些头发稀少的人，他们需要添加假发才能编成长辫子。而清代以前，头发铺的主顾是妇女。

羽饰坊

34号招幌是翠花作坊招幌，即用翠鸟羽毛制作各类饰品。该店招幌表明，翠花作坊制作出售发带、胸针、项圈等传统银器饰品，颇具中华特色。这些饰品上镶嵌着翠鸟的羽毛，起点缀效果。羽毛虽然容易腐蚀变质，但却因其动人的翠蓝色、独具特色的工艺而备受青睐。

首饰楼

在了解了清代官服的装饰品和假发铺后，我们来到了悬挂37号招幌的首饰楼前。这是一个高档店铺，会让游历过北京的读者想起银器一条街、丝绸一条街或其他街市。

首饰楼招幌上写着定做各类金银首饰，说明它是一家首饰银器店，出售个人饰品、餐具、摆件等成品，还可以定做各种金银器皿。前窗和门口两边，悬挂着许多闪闪发光的银饰，这番景象在中国许多城市都有，令人印象深刻。北京首饰楼招幌的设计别具一格，上海的首饰楼通常把招幌悬挂在店铺立面。

首饰楼陈列的商品品类繁多，为数最多的当属银花瓶。它保持了一贯的设计风格，磨砂表面刻画着盛开的梅花，寓意着幸福和美好。人们把银花瓶当作纪念物，互相赠送，若要统计春节期间亲朋好友之间互相赠送的银花瓶耗费了多少银子，那会十分有趣。互赠银花瓶的习俗并不仅仅局限于中国人之间，也在中国人与西方商业伙伴之间流行。这种习俗传递了友谊，对西方人也产生了影响。圣诞节期间，许多外国人家中都有这种银器，成为一大节日特色。

首饰楼里除了花瓶和餐具，还有许多中国人喜爱的其他物品。有笑口常开的弥勒佛像和其他佛像、佛塔，还有代表底层生活的人物摆件，如拉着黄包车的人力车夫、小摊掌勺的厨师，等等，不一而足。

廉饰坊

首饰楼招幌豪华炫目，本书在其旁边放上廉饰坊的招幌（38号招幌），以形成鲜明对比。在廉饰坊，人们可以买到中国妇女经常佩戴的各类首饰，头发上戴的，脖子上挂的，耳垂上坠的，手指上套的，一应俱全。招幌上悬挂的指环普通无奇，但被涂成银色，足以说明，这家店主的朴素使命就是完美地仿制出廉价却华丽的金银首饰。

发油铺

39号招幌是出售香味发油的店铺幌子。这种香味发油从乌木中提取而来，涂抹在头发上能使其乌黑靓丽。妇女用灵巧的手指把油滑的头发编起来，盘成双髻。有时沿着发髻盘成圆形或半圆形的茉莉花状，有时在右耳上别上一朵鲜艳的小花，于是漂亮的发式看起来多了几分灵动，圆脸、杏眼与秀美光亮的云鬓相映成趣，恰到好处。

马尾纂铺

满族女性的发式以形形色色的马尾纂最为常见。满族女性通常把头发从前面分开，盘在头顶，再用一条宽宽的黑丝带扎起来。两边的头发盘成蝴蝶的样子，然后插一朵鲜艳的花。40号招幌上展示的是扎马尾纂要用的各类发卡。

有趣的是，满族人入主中原后号令全国改风易俗，结果是，汉族男性与满族男子看上去相差无几，无法区分，然而汉族妇女的个人风貌却依旧未变。汉族妇女的长发直直地垂落下来，搭在肩上，身着整洁的短衣长裤，是否穿裙子得根据地位不同来决定。满族女子的穿着与汉族妇女的打扮截然不同，她们身穿一袭旗袍，发簪高高隆起，双脚没有被裹成三寸金莲。

从另一方面来讲，满族女子在清朝享有一定的社会地位，所以她们没有汉族女子所承受的规制约束。清朝第一任皇帝在一定程度上放宽了对满族妇女的限制。据记载，满族女儿的权利优先于母亲，处置财产时，父亲必须得到长女的同意。满族与汉族妇女最明显的差别在于，满族人会修立牌坊以纪念未婚而亡的女子，但汉族人却认为，未婚而亡的女子会变成恶灵，对百日内的新生男婴很不吉利。

辫绳铺

我们在悬挂有42号招幌的铺子前驻足，招幌上是未婚女子，更为确切地说是20岁以下年轻姑娘扎长辫要用的辫绳儿。少女的长辫乌黑靓丽，买一根鲜艳的丝线辫绳儿，约莫4英寸宽，在长辫上缠来绕去，扎得紧紧当当，会让她看起来更加楚楚动人。以前的女孩子结婚后就不再梳扎长辫，如今区分少女和妇女的唯一标志就是少女的鬓角留有秀发。女性在不同年龄段有不同式样的发型，20岁以后就不能再扎辫子，一过30岁，就要把额前刘海梳扎起来，若要如此梳妆，非得一根白棉线不可。当你穿街而过时，经常能看到有妇女在自家门口扎头发的情况。不过，这里需要特别说明一下，自从解放妇女、追求自由的曙光普照中华大地以后，那些被称为"新女性"的女大学生普遍对短发偏爱有加。

包头铺

43号包头铺招幌由13节竹子穿起来，最下面一节竹子看起来像一个花瓶，最上面一节竹子是为了招幌整体的美观而有意为之。除了中国人以外，没人能猜得出这个招幌代表着什么。它其实象征着由布或鹅绒做成的包头饰带，大概有1英寸宽，戴在额头正中间的位置，经耳后在头发下箍着。有人说它可以保暖，老年妇女带这种包头饰带的比较常见。但也有一种可能，妇女把头发梳到后面时前额会露出秃顶，包头饰带能遮掩其弊。

琉璃珠铺

本章介绍的最后一个招幌是41号琉璃珠子铺幌。时下，琉璃珠铺铺幌中大清官员的朝珠、项链已经走出中华大地，在西方开始交易。中式琉璃珠子改头换面，在西方各国普及开来，成为伦敦、巴黎、纽约或旧金山等地欧美人的钟爱之物。

清朝时，官员按照官阶高低，佩戴长短不一的朝珠。朝珠不仅体现着官员自己的尊贵，还象征着祖先和后代的荣耀。串珠正中间的珠子寓意光宗耀祖，左边的珠子象征着长子，右胸前挂着两个珠子，一个象征着妻子，另一个象征着自己。当官员面对皇上磕头行礼后，得弯着腰恭敬地站在朝班人员之中，弯腰时胸前朝珠须碰到地面才行。

　　现在琉璃珠子已经失去了朝珠的历史意义，珠链的长短不再代表官阶大小，只不过是时尚潮流之所需。

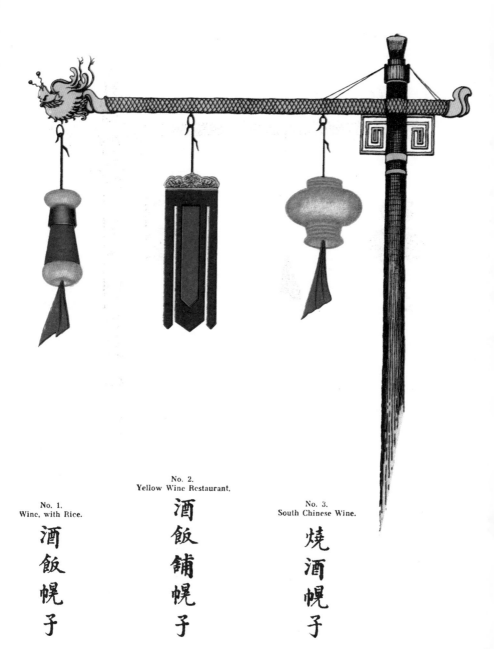

No. 1.
Wine, with Rice.

酒飯幌子

No. 2.
Yellow Wine Restaurant.

酒飯舖幌子

No. 3.
South Chinese Wine.

燒酒幌子

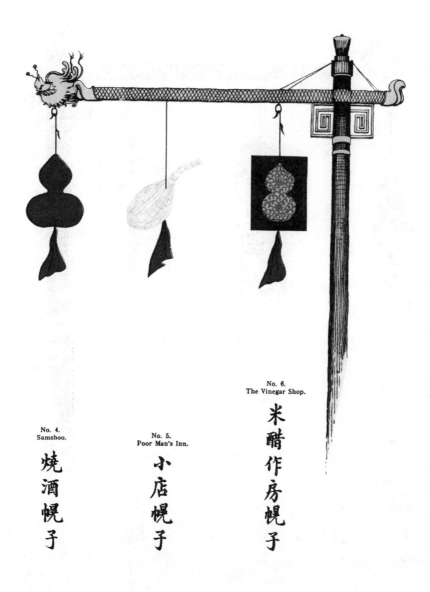

No. 4.
Samshoo.

燒酒幌子

No. 5.
Poor Man's Inn.

小店幌子

No. 6.
The Vinegar Shop.

米醋作房幌子

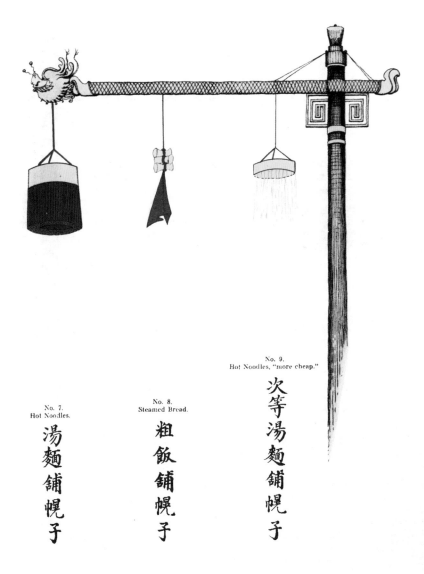

No. 9.
Hot Noodles, "more cheap."

No. 7.
Hot Noodles.

No. 8.
Steamed Bread.

次
等
湯
麵
舖
幌
子

粗
飯
舖
幌
子

湯
麵
舖
幌
子

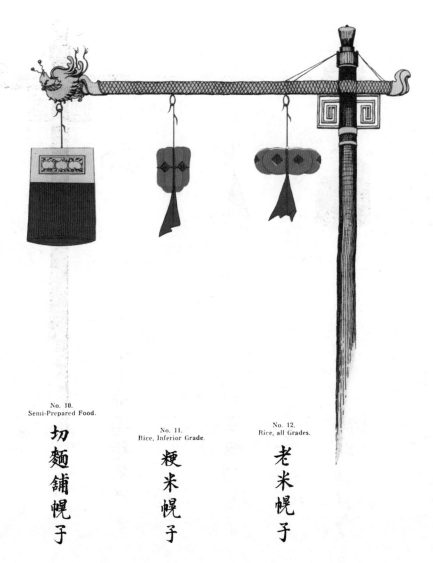

No. 10.
Semi-Prepared Food.

No. 11.
Rice, Inferior Grade.

No. 12.
Rice, all Grades.

切麵舖幌子

粳米幌子

老米幌子

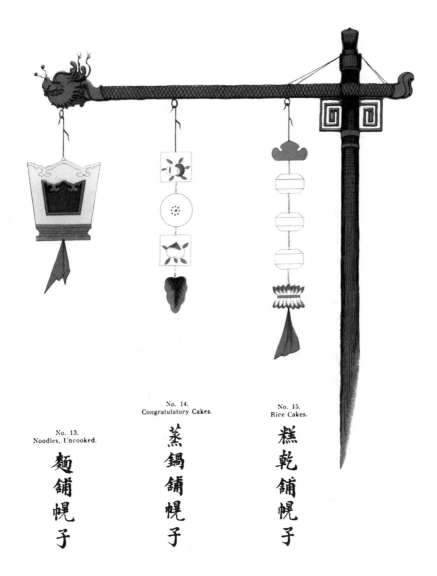

No. 14.
Congratulatory Cakes.

No. 15.
Rice Cakes.

No. 13.
Noodles, Uncooked.

麵舖幌子

蒸鍋舖幌子

糕乾舖幌子

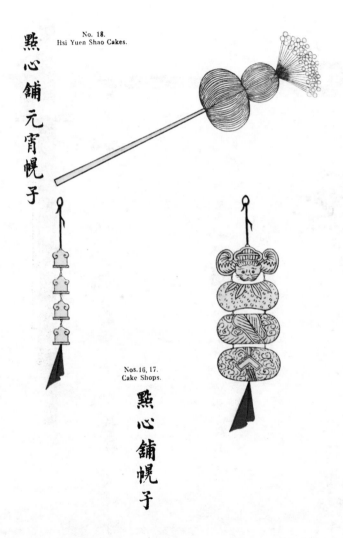

No. 18.
Hsi Yuen Shao Cakes.

點心舖元宵幌子

Nos. 16, 17.
Cake Shops.

點心舖幌子

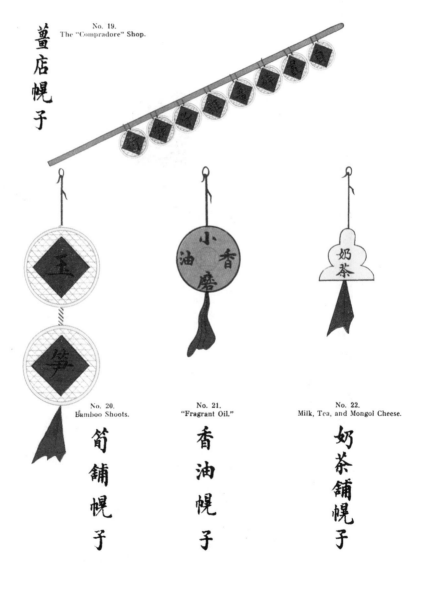

No. 19.
The "Compradore" Shop.

薑店幌子

No. 20.
Bamboo Shoots.

筍舖幌子

No. 21.
"Fragrant Oil."

香油幌子

No. 22.
Milk, Tea, and Mongol Cheese.

奶茶舖幌子

No. 23. The Bath-House.	No. 24. The Tailor.	No. 25. The Barber.
藻堂子幌子	裁縫舖幌子	剃頭舖幌子

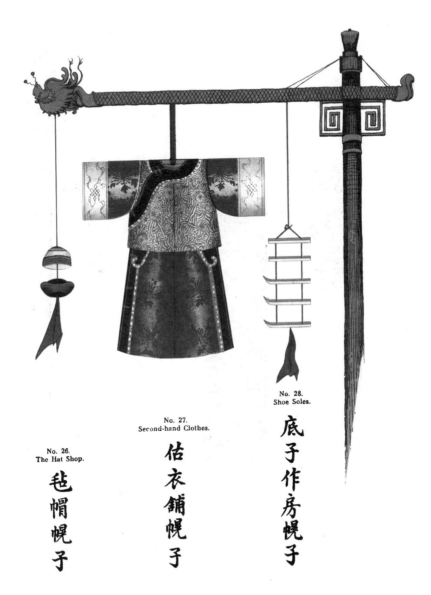

No. 28.
Shoe Soles.

No. 27.
Second-hand Clothes.

No. 26.
The Hat Shop.

底子作房幌子

估衣鋪幌子

毡帽幌子

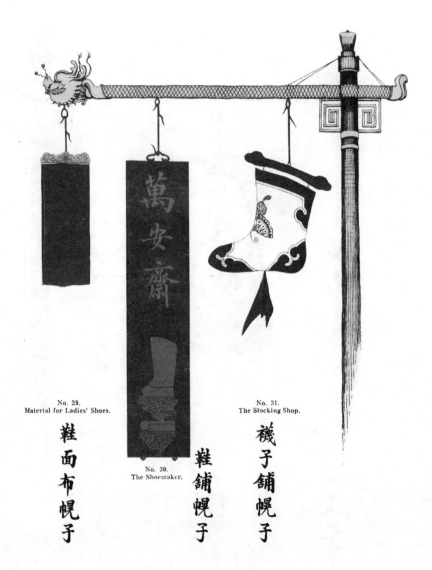

No. 29.
Material for Ladies' Shoes.

鞋面布幌子

No. 30.
The Shoemaker.

鞋舖幌子

No. 31.
The Stocking Shop.

襪子舖幌子

萬安齋

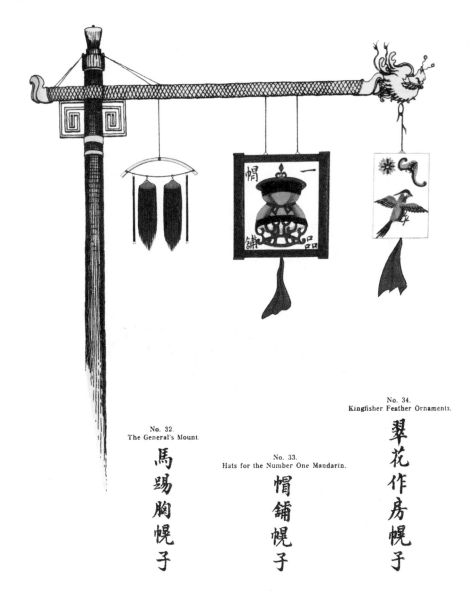

No. 32.
The General's Mount.

馬踢胸幌子

No. 33.
Hats for the Number One Mandarin.

帽舖幌子

No. 34.
Kingfisher Feather Ornaments.

翠花作房幌子

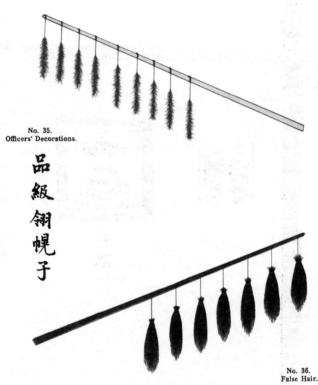

No. 35.
Officers' Decorations.

品級翎幌子

No. 36.
False Hair.

頭髮舖幌子

篇三　职业行当

第六章

行业作坊

　　一位外国游客在游历中国之后，从工业社会的视角评价道：大清帝国的工业犹如二牛抬杠。这个评价巧妙地表达了他在目睹中国工人采用原始的方法、使用落后的工具劳动时，产生的回到中世纪的感觉，这冲击了当代人与机器文明相适应的认知。这个说法可能会招致许多大型工业企业的不满，也可能不会。因为上海就有一些大型工业公司，采用西方社会通用的行业标准来安排工作时间，改善工作条件，分配利润股份，为员工购买保险，发放养老金，提供免费医疗和娱乐休闲，等等。不可否认，即便有更多的劳动设施，企业管理问题还是不易解决。但客观地讲，中国大型工业公司实施的所谓现代管理模式，只不过是陈旧落后的人治管理的翻新表达，它为工人提供的奖金和其他利益，都取决于公司老板个人品格，如老板给员工提供食物就是老板仁爱有德的表现。当你在中国某家大型百货公司购物时，或许会听到敲锣的声音，那是工人开工的信号。这种管理模式非常有趣。本书在前文讲述行会时提到过保护主义的商业氛围，在这种氛围中，劳资双方的权利和义务均有体现。

从另一方面来讲，上面引述的那句评价自有其见地，它从更宽广的视角出发，揭示了在中国普遍存在的文化特征，这在幅员辽阔、地大物博的中国是一个不争的事实。北京的大街小巷乃至中国的各个村镇，社会百态每天都在上演，且极具特色。我每次想到这些复杂繁华的城市景象时，就深感本书招幌这一主题实在是太过局限。所以，我得提醒读者，中国是一个具有悠久历史的文明古国，本书只能让人看到一个西方人不甚了解的中国，招幌远不能展示它的全貌。诚如上文所言，不计其数的劳动大众永远不知疲倦而又开心快乐地工作着。

让外国人看起来既有趣神秘而又大惑不解的是，许多作坊招幌看起来似乎很不合理，这些图片没有给出说明，也没有解释，只让观者自行揣摩其中意味。出于这个原因，它们自然就在本书的考察范围之内。除此之外，我们还要继续谈谈流动工匠这一庞大的群体，对此前文已有提及。考察北京的作坊时，我们见到了那些原始交通工具，没有它们，中国人就无法运送物资，西方游客穿行中国的行程同样无法实现。所以，旅行伊始，到处都能听到驴子的叫声，看到皮毛光滑的骡子、备受西方人讨论的中国马、沉着稳健的公牛以及享有"沙漠之舟"美誉的骆驼。

单峰驼如同一个国王，孑然一身，不论是卧在店铺门口装卸货物，还是在偏远地区的荒漠上与其同伴列队前行，它都昂首挺胸，傲气凛然。读者在北京旅游时随时都可以见到单峰驼的身影，挂在它脖颈上的铃铛发出忧郁的声响，萦绕在耳旁，久久挥之不去。它会时不时发出奇怪的、歇斯底里的啸叫声，把宁静的空气撕裂，这与它平时留给人们的深刻印象格格不入。

草料铺

44号招幌是草料铺招幌，商队会从这里给骆驼和其他牲畜购买草料。

皮鞭铺

47号招幌上面画着各种各样的皮鞭子，其中最右边的鞭子用来驱赶骆驼。右起第二根和第三根鞭子为赶牛人驾牛车时所用牛鞭。右起第四根鞭子则是用来赶马、赶骡子的马鞭或骡鞭。左起第二根是一支在骑马时用的鞭子。这些长鞭子缀有彩色花边，鞭绳从马鞍上垂下，十分好看。最左边的长柄鞭子是用来赶骡子的骡鞭子，鞭绳点缀较少，朴实无华。

鞍�铺

如果有人要购买马鞍，45号招幌指示的鞍�铺就是最佳去处。工匠把自己制作的马鞍摆放在店铺门外的木架子上，顾客前来察看后就开始和工匠讨价还价，或者去另一家鞍�铺继续寻找心仪的马鞍。中国的马鞍做工精美，西方传教士最喜欢收藏，通过他们的介绍，许多外国人对于中国马鞍的舒适度都有耳闻。但对于准备来到中国的外国人来说，坐在这件木质马鞍上长途跋涉实属不易。马鞍上的毯子和其他地毯差别不大，美艳的颜色使得马鞍看起来更加好看。中国骑兵已经不再使用这种马鞍，现在的马鞍都用皮革制成，外形有几分像英式马鞍。

官车铺

46号官车铺招幌看起来十分显眼，读者见此，大脑中立刻会浮现出古代战场的场景。如同中国古代诗歌和绘画中所描绘的，成群结队的战士背插旌旗，与敌人作战，西人对这类绘画十分熟悉。官车铺仿照古代三角旗做成自家店铺招幌，清帝国的整个军事、政治系统尽显其中。努尔哈赤和蒙古族的成吉思汗一样伟大，缔造了满族人的千秋伟业，创建了清朝著名的八旗制度。八旗最初由黄旗、红旗、蓝旗、白旗四种颜色组成。八旗组织最基层的单位被称作"牛录"，每300人设定一牛录额真，5个牛录设一甲喇额真，5个甲喇设一固山额真。每个固山有特定颜色的旗帜，汉语译作"旗"。任何士兵都不能离开组织管理，若是在擅离职守时受伤，就不能领取军饷和抚恤金。

随着军队规模的扩大，又增加了四旗，称作"镶旗"。黄、白、蓝三旗镶红边，红旗镶白边。皇帝直接统领上三旗，也就是正黄旗、正白旗和镶黄旗。其他五旗由贝勒统领。这种八旗军事组织形式后来拓展成为清朝的政治体制，结果形成了以皇帝为最高军事统帅的国家体制。

战场之上，八旗军团齐头并进。重装步兵手持长刀长矛组成军团先锋，弓箭手手持轻装箭弩紧随其后。每支步兵队伍有2架云梯，由20名士兵负责推进，以做攻城攀墙之用。这里介绍的官家制作官车的店铺门外飘扬着的白边红旗，是正三旗中的正白旗。以前，制作官车的工匠与其他行业的手工艺人泾渭分明，官车工匠的作品显得煊赫高贵，是让城街乡道充满活力的华丽景观之一。官车的车辖辘上镶着黄金白银，缀有绿玉翡翠。车内卧榻由锦丝绸缎制作而成，彰显着车主的官阶地位。

如今，官车铺依旧存留了下来，制作手艺得以传承，毫无变化。这种官车为单人乘坐而设计，行李要放在厢外车后的位置，即车后额外续接的一块加长木板。它的车轮由牛车辖辘或独轮车车轮改装而成，行驶时会在路面上碾压出两条深深的辙槽。现在各地新建公路，禁止木轮车上路行驶。第一次世界大战结束以后，美国红十字会在中国山西省和山东省的部分地区资助建立了一些基建工程企业，在其带动下，中国开始寻求改善交通运输的方式。乘坐官车时，人在蓝色车厢内的软垫上直直地坐着，看起来像一尊佛像，驾车人则悬着双腿随意地坐在车辕上。马车行驶的速度取决于车夫驾驭马匹的水平，车夫会时不时跳下车，随马车步行在侧。

官车古典雅致，行驶在当今这个时代显得别有一番古典之美。车上的蓝色棉布遮篷一直伸展到拉车骡马的头顶上方，要是恰逢佳人端坐其间，身影绰约，双目有神，头饰鲜花，青丝飘逸，斑斓秀袍忽隐忽现，那就美感十足了。

笼屉铺

48号招幌是笼屉铺招幌，悬挂在做蒸糕的店铺门外。蒸糕上面印有"喜"字，是逢年过节送礼之佳品。笼屉用竹子编织而成，尺寸必须和底座上铁锅的口径一样大。编织笼屉时，用细小的竹条交叉做成笼屉底部，蒸糕就是在这种网状的笼底上蒸熟的。读者或许觉得笼屉铺幌最为迷人，由图可见，笼屉铺幌上的"吉祥"二字颇有特点，笼屉集实用性和美观性于一体。当然，只有中国人才能体味到竹笼的朴素之美，以及它富有文化内涵的装饰价值。

粉房

49号招幌是粉房招幌。粉房是磨面的店铺，店主挑选两块石板，形成上、下磨盘，磨面时把谷粒和豆类放置在磨盘中间，转动磨盘就能将之磨成面粉。前文论及的糕点铺里也有这种磨盘。粉房招幌被涂成了白色，以效仿倾盆而出的白色面粉。很多粉房似乎都开设在养牛或有踏车的地方，空间很大，便于安置巨大的石磨盘，蒙住家畜的眼睛，使其不停地转圈拉磨。粉房磨盘不仅可以磨叶秆，还能磨绿豆、玉米等，磨面形成的淀粉可做成食物。

皮板铺

中国北方气候寒冷，老百姓喜穿皮革服饰鞋帽。50号皮板铺招幌专为那些受北方服饰风格影响的顾客而设。皮靴匠、制鞋人以及任何想用皮革制作衣服里襟或衣领皮帽的人，都可以在这里找到自己需要的物品。简而言之，皮板铺招幌上的黑色皮板和绿色皮板构成了两大特色。两块皮板的形状都透露出裁割所用的刀锋犀利明快。在之后的考察之旅中这种刀还会出现。

锡器铺

51号招幌是锡器铺的招幌，由5块金属圆盘上下串在一起组成。锡器铺里几乎看不见锡茶壶、罐子和蜡台等物件，人们常常把锡制容器误以为是茶壶，其实它是用来热酒的。锡器铺门口挂着各种各样令人费解的器皿，吸引而来的顾客多半来自锡制品不甚流行的国家。但在中国古老的传统风俗活动中，锡器有着非常重要的作用。按照传统，即便是贫寒人家的丧葬仪式上，也要使用锡制成的蜡台、火盆和酒具等物品。

锡质古董向来为收藏家所青睐，但他们对新货不感兴趣，特别是锡制品中加入过多的锑时，看起来更加光滑，色泽更加鲜艳。宁波的锡器闻名遐迩，温州锡器、汕头附近的朝阳锡器也很著名。

马尾铺

52号马尾铺幌架上并列悬置着5束黑、白马尾，表示该店铺出售各类马尾制品。马毛商品有马尾纂、小提琴弓弦等，乐器本身的琴弦通常用丝绳做成。马毛还可以用来编成精美的筛子。除了具备实用功能之外，筛子在人们日常活动中有着重要作用。根据风俗习惯，新生婴儿的床边要挂上一张渔网，因为渔网可以辟邪，能保护婴儿在百日之内不受恶灵的威胁。如果手头没有渔网，就可以用马尾编的筛子代替。筛子和渔网一样有许多窟窿，所以具有和渔网同样的辟邪功能。筛子还会被挂到新娘的椅子后背上，起到和照妖镜一样的作用。若有人刚刚去世，在其门头上也会悬挂筛子，用以驱邪。

马尾铺幌的弓形架子上还挂着另一件器皿——幌子顶部系在弓形幌盖下的髯口。在戏台上唱大戏的时候，演员会佩戴这种马毛做成的胡须，特点是唇上髭须垂下，美髯落在胸前，这就把嘴巴给遮住了。图中的胡须并没有长胡须那样常见，这种小胡子不会遮住嘴巴，很可能是在演唱宋代历史剧时才会使用。因为宋代皇帝曾留着小胡子，嘴下有一撮胡须。有时人们会把络腮胡须修剪成四缕，双颊和两鬓两侧均垂有须发。

牛角坊

53号牛角坊招幌表示这是制作牛角商品的店铺，工匠用牛角制作各种发饰、发圈和刷子等。各种牛角商品挂在招幌弯曲的竹竿上，最显眼的当属马桶配件和牙刷。较之于手帕，中国人更能理解牙刷的功用与价值。尤其在天气炎热时，经常会看到店铺工人赤裸着膀子，就着柜台上的铜脸盆洗漱刷牙，与店铺里的工作情形很不搭调，非常显眼。这种场面一年四季随时可见。身着长衫的人在街头寻找生意，对店铺内的情形司空见惯。

裱画铺

54号招幌上是一件常见的中式画轴，代表的是字画装裱匠的日常生计。裱画铺的裱品可能有宋明时期价值连城的山水画，或是达官显要古老的画像，不一而足。但有人认为，装裱高贵的画作艺术价值不一定很高。只有配以美文诗句，画作才算是艺术珍品。因为中国的艺术品除了绘画和雕刻之外，还有书法艺术。

粗纸坊

55号粗纸作坊招幌表示这里生产各种日用纸张。招幌中4个金属盘象征着制备纸浆的容器。

中国是最早利用植物纤维和其他纤维造纸的国家，但其造纸技术却极其落后。汉代，缣帛的出现最早代替了竹简。东汉蔡伦采用树皮、麻头、敝布、破旧渔网等材料发明了纸，人称"蔡侯纸"。蔡伦本人也因此拜侯封爵。

现代造纸材料主要有稻草、芦苇、竹子和构树皮等。用稻草造成的纸最粗糙也最廉价，一般用来做包装纸、烟花爆竹、冥币等。裱画铺幌子上的纸是上等纸张，由竹子制作而成。竹子经过石灰和苏打处理后，再历时半年左右降解成纸浆，便可以制作成不同等级的纸张。人们用质量最差的纸粘贴窗户，以此替代玻璃，优质的纸张则用于书写印刷。

构树皮制成的纸被误称为"米纸"。米纸的质地也有优劣差别。薄一点的米纸用来做成纸人、各类纸扎动物和冥币，供出殡治丧使用。质地坚厚的米纸用来做雨伞。等级更高一点的纸用以扎纸花。按照海关报告文书中对纸张的分类，分别是一等纸、二等纸、香纸、磨纸、书纸和其他纸张。香纸在纸张分类中虽然位居三等，但产量远远高于其他等级的纸张。

中国自古就有"敬惜字纸"的传统，官府禁止翻新旧纸，关于这一点本书第一章已有论及。正因如此，商业行会的记录才没有被存留下来。出于同样的原因，旧中国各行业普遍缺乏应有的统计数据。中国人的诸多风俗习惯都表现出对字纸的敬惜之情，外国人对此颇感兴趣。由专人挨家挨户收集纸张，就是敬惜字纸的具体体现。店铺不能用印着字的纸包裹肉类或其他易变质食品，这在其他国家或许无可厚非，但在中国却是十分严肃的事。如前所述，不能通过机器翻新旧纸，造纸过程中也禁止浪费。街头各个地段的小纸篓上面写着"敬惜字纸"四字，足见这一传统为人们所普遍接受。收集旧纸的规定受到行会支持，由行会派人实施。家用废纸由专人收集在纸篓里，每天早晨，当巷里响起铃声时，拾纸夫役就会肩挑纸篓穿过庭院，把纸篓交给收纸的夫役，夫役则用长木夹把纸篓中的纸张认真地放到自己的车里。废纸收集车上可能会有一些写着文字的纸，因受潮而褶皱了。我观察到，夫役在收集的废纸之间来回走动并四处翻动，用他那双粗糙的手抚平褶皱了的纸张，或者把受潮的纸张放在空地上晾干。在中国，旁观者会参与到公共事务中来，对公众活动有着宗教般的奉献精神。这些夫役都是穷苦出身，有机会帮助打理废旧纸张会让他们觉得自己虽然地位卑微，但却有着高尚的品德。

运纸车到点交付后，在慈善组织的主持下，将整车废纸在村镇善士出资修建的焚纸场内进行焚烧，整个过程颇有仪式感。然而，由于这种古老的传统造成了很大的浪费，一些较为进步的地区开始出现反对的声音。经过多方打听我们才知道，人们提倡用硫酸消除字迹，将废纸循环利用，造出新纸张。

风箱铺

56号招幌是风箱铺招幌。风箱是大众餐饮烧火时的必备工具，可以说是老百姓的重要生活用品。简而言之，风箱由木板做成，通常放在火炉炊灶旁烹饪做饭时使用，我们在此前的旅行中见过此类风箱。风箱四边的弥合处镶有羽毛，以便能在风进入火道的过程中避免漏风。抽拉风箱一般交由孩子去做，孩子蹲在地上，抽抽拉拉，汗流浃背，忙得不可开交。

席铺

57号招幌上画了一卷席垫。席垫以竹子为材料，经纬交错编织而成。人们可以从席铺订购席垫，铺在家里的石板地面上。席子做出来后是完整的一张，铺满房间里的每一个角落后，房间会非常干净整洁。铺盖地席的时候要在地上撒石灰粉，确保地面干净卫生，地席的上面再铺上地毯就更好看了。

席子的另一个作用是在举办葬礼时，用来搭建送葬途中的临时棚屋，或是在葬礼、婚庆和其他节日活动之际，用它在自家院内搭建凉棚。上海曾在用席子搭建的大棚内举办大型园艺展览会。按照惯例，花棚用竹竿搭建而成，没用一颗钉子，花朵群芳斗艳，花棚巧夺天工，游客无不惊讶，赞叹不已。

木鞋底铺

悬挂着58号招幌的店铺专门制作女鞋木底。鞋底铺招幌自清朝时期留存至今，因为招幌上的物品中有清代女鞋底部的鞋跟儿，下面挂着裹脚布。虽然现在的港口城市已经涌现出许多新式女鞋店，但中国妇女依然保持着自己动手纳鞋底的传统。她们自己纳好鞋底，备好鞋面布料，家门前有流动鞋匠经过时，请他做成鞋子。

灯草铺

59号招幌中的灯草是昔日遗存之物。灯草铺招幌看起来像一束流苏，但却以灯草做成，而非丝绸。现在的灯草可以通过小型手工机械生产出来。

响器铺

60号招幌是响器铺招幌。看起来，这家店铺生意兴隆，商品种类繁多，竟然用两个招幌来告示商品。在第一个招幌上，店家展示的是家具和箱子上的铜锁及装饰品。第二个招幌上是一对铜锣。逢年过节、婚丧嫁娶的各种仪式上，中国人使用铜锣和其他乐器。丧礼上，敲锣意在驱邪，企望亡灵顺利走过黄泉路，平安到达西天。婚庆时，敲锣则是为了给即将跨过天河的新婚伴侣保驾护航。各地在举办婚庆典礼时，都会在墙上挂书画卷轴以装饰婚房，同时表达对婚姻的美好期望。

中国人把偶然出现的日食或者月食等自然现象解释为天狗吞日或者天狗吞月，届时，铜锣以及其他响器一道儿派上用场。为了赶走天狗，人们敲锣打鼓，响声震天。人们相信，锣鼓声动静越大，就越容易赶走天狗。

锣鼓示警大概源自大禹时期。大禹为了广开言路听取民意，特意在驻地附近挂了五种乐器供百姓上访时使用，史称

"五音听治"①，这五种乐器为钟、鼓、铎、石磬、鞀。

银碗铺

61号招幌是银匠铺子的招幌，招幌上串着十个用来盛酱油和其他调味品的小银碗，不言而喻，这家店铺除了制作各种银器外，还制作其他精美首饰。

针铺

62号招幌上有一根红木架，上面悬挂着5根细长的圆锥体物品，乍看上去，怎么也不会想到那是日常所用的绣花针，这就是针铺的招幌。以前针铺所售之针就是招幌中的样子，中国人的针要比西方的针短一些。招幌中呈现的这种针的针头呈圆形，在仿效了外国针的形状之后，现在做成了扁平状。如今，针铺出售的针和外国针大同小异，没有什么区

---

① 《淮南子》卷十三"祀论训"载：禹之时，以五音听治。悬钟鼓磬铎，置鞀（táo，有柄的小鼓），以待四方之士，为号曰："教寡人以道者击鼓，谕寡人以义者击钟，告寡人以事者振铎（duó，大铃），语寡人以忧者击磬，有狱讼者摇鞀。"由于求见者多，以至有时吃一顿饭要起来十次，洗一次澡要被中断三次，即"一馈而十起，一沐而三捉发，以劳天下之民"。由于禹重视民众的呼声与要求，因而得到了民众的拥护，稳定了国家的统治，并且顺利地传位于儿子启。启即位后，在一段时间内也沿用了五音听治的做法。

别，甚至连长度都一样。中国人使用的顶针儿是一圈窄窄的金属条做成的指环，通常戴在中指第一个关节和第二个关节之间，穿针引线时针尖向外不向内，不会对准自己的身体。

烛铺

63号招幌是烛铺招幌，莲台上方的九根白色圆棒象征着蜡烛。蜡烛头部突出的红色部分是芦苇，它是蜡烛的烛芯。蜡烛底部为中空结构，可以插在蜡台的金属针上。灯芯被包在些许芦苇叶中，点燃蜡烛后，灯芯和芦苇叶一起燃起。制作蜡烛的油脂取自牛油树籽。佛龛前燃烧的灯油也是用这种牛油树籽做成的。蜡烛在葬礼上扮演着重要的角色，对此本书后文还会述及。

灯笼铺

64号招幌是灯笼铺的招幌。招幌上的"吉祥"两个大字让人联想到北京街市的繁华景象。作为照明工具，灯笼专供普通民众使用。夜幕降临之后，人们挑着灯笼，在乡间小道行走。制作灯笼时，先把竹子劈成竹条，然后用竹条编成笼架，再在笼架外面糊上一层纸即可。用来照明的灯笼不会做成招幌中花瓶的形状。

一般而言，即便是最廉价的灯笼上也会印上"灯笼"两个鲜红的大字。按照以往的风俗，灯笼上通常印有主人姓氏，有时会印上制灯人的姓氏。官灯上印有很多字，还有很多装饰。据说元宵节闹花灯时每个人都要还愿，各省巡抚往往会捐献财物为节日助力。用牛角或山羊角做成的灯笼，透明得像玻璃一样，这种灯最为独特，价格也最昂贵。它在家族庆典活动中扮演着重要角色，但不会用来夜行照明。

颜料铺

65号、66号、67号三个招幌都与涂染色、上色有关。65号招幌形制较小，仿制金店招幌，但两者又有所不同，对此后文再谈。不言而喻，颜料铺招幌和金铺招幌在设计上的确存在异曲同工之处。65号颜料铺招幌上写有"大赤官方"四字，表明油漆匠可以在这里买到需要的各色油漆。67号招幌表明，该商铺商品种类多样，与众不同。不管颜料铺之间有何不同，也不能让人忘怀染衣房将衣服误染成花色的不幸经历。

油漆铺

66号招幌是油漆铺招幌。为了保养漆面，抵御风吹日晒，招幌用羊膀胱制作而成。油漆铺招幌形似一捆粗布或是棉布，因为中国目前还没有采用专业漆刷进行上漆，所以招幌上的这种布团就是油漆工的涂漆工具。在中国，油漆工用不同漆料涂染房舍屋檐、家具物件等各种东西。年轻的漆工在忙前忙后涂漆上色，双手和胳膊上都沾满颜料，却不知道会浪费多少颜料。

篇四　钱庄金融

第七章

当铺钱庄

在本书的考察中，最有趣的当属各种钱财货币招幌，身在中国的外国人不论从事什么工作，这类招幌总让他们摸不着头脑。久居中国者还能对其中信息一知半解，但初来乍到者在游历各地时，由于不了解情况，会因复杂的货币兑换规制而头晕眼花。下文要讲是五种金融类招幌，前三种招幌各自缀有一条长长的红色幌绸，十分醒目。68号和70号两个招幌是当铺的幌子，特征明显，易于辨识。69号招幌是钱铺幌子。本书前文已解释过招幌幌绸的寓意，读者可以据其对金融类招幌上的幌绸做出自己的判断。此处的幌绸象征着幸福、满足、富裕、吸引注意力，还是仅仅为了增加招幌设计的艺术观感？

71号招幌上的幌绸长度匀称，这是炉房幌子。炉房专门铸造银锭、元宝和银票。银锭形似马蹄，因而有不同的称呼，后文会对此进行解释。

72号招幌中没有幌绸这一装饰物，因为它和颜料铺的招幌如出一辙，如果缀上幌绸，两者就很难区分了。这是金店的招幌。在中国，黄金与国家流通货币没有多大关系。虽然经过多年的努力，中国也未能跻身世界黄金流通大国的行列。时至今日，中国依旧是一个使用银币的国家。所以，我们把金店招幌暂且放下，先来了解一下本章其他4个金融类招幌。

当铺

68号当铺招幌看上去档次很高，相比之下，旁边的钱铺招幌相形见绌。现实的确如此，公众很容易忽视钱铺，但从来不会对当铺视而不见。

上海当铺的情形尤其如是。当铺的外墙兀自高高耸立在人行道边，墙上用黑墨写着两个6英尺高的"当"字，公开招揽典当生意。当铺的正门开在高墙中间，门上刻着各种图案，但多半没有任何装饰物。门内正对着门口处有一段矮墙，北京人把这种墙叫作龙壁。据说小鬼只会走直线不会转弯，所以门内设置龙壁以断鬼路，也避免从门外一眼看到门内情形。在上海，当铺在人们心目中是一个"邪恶之所"，当然这种看法有待商榷。

在北京，当铺的外貌和别的店铺并无二致。当铺门口有刻画装饰，如果典当业务范围较大，还会在门口安放一座石墩，石墩上立起一根柱子，黑、金两色相间，十分华丽。柱子顶端装饰有银色球形柱头，一条金光灿灿的飞龙横穿而过，龙头下方悬挂着当铺招幌，如70号招幌那样。规模小一点的当铺招幌没有这些豪华的装饰物，悬挂招幌的绳索镀上了金色，看起来颇似剑柄。

不难想象，在当铺典当交易中，当铺老板坐在高高的椅子上，弯下身子，动作小心翼翼，神情庄重严肃地估摸着当品的市值。鉴别当品时，店主要是勤快肯干、见多识广，就会赚得盆满钵满。他为典当品给出的估价，最低只有其价值的16%，最高也只有60%。前来典当物品的顾客从柜台前望着自己的当品，愁容满面，驼背弯腰，似乎疲惫不堪。而当铺老板脸蛋圆润、大腹便便、笑容可掬的样子，看起来就像弥勒佛。

金店

72号招幌是金店招幌，它悬挂在金店外面。看到金店招幌，想到金店里的生意，就会令人心生愉悦。淘金工人经常把自己辛苦淘来的沙金小粒拿到金店兑售。按照中国的商业传统，金店不仅出售珠宝首饰，还可兑换其他货币。在中华铺幌的探索之旅中，稍事驻足，对钱铺招幌和金店招幌进行对比，揣摩两种招幌各自的意蕴，从而挖掘金店招幌别具一格的特征。

金店招幌是一块漆黄了的木框，黑色线条呈卷轴设计，颇具古风，上面写着"兑换标金"四个字。当铺招幌的风格含蓄文艺，金店铺幌的风格直白朴实，正如店内兑售黄金的方式一样直截了当，令人印象深刻。毫无疑问，金店铺幌简洁明了地传递了店铺的生意信息。黄金不仅让人联想到自然条件恶劣的偏远地区，还有人性。有时候，女人让淘金者拜倒在自己的石榴裙下，把他费尽千辛万苦淘来的金粒轻轻地塞进自己的胸兜，或是用羽毛拭去金粒上松软的沙子，用力吹气以查验金粒的品相，然后把金粒装进挂在脖子上的小包里。淘金听上去很简单，其实淘金场上尘土飞扬，天寒地冻，风如刀割，生活环境极其严酷。"大丈夫当无所畏惧！"天才的哲学家定会这样理解淘金工的艰苦营生。

钱铺

原路返回，又一次来到挂着69号招幌的钱铺门前。钱铺招幌乍看上去和当铺招幌非常相似，难以区分，然而，细看之后，就会发现两种招幌的不同之处。当铺招幌像一卷黑丝绳，从中间自两头对称着用一根丝线缠绕起来；而钱铺招幌幌体笔直，通体镀金，一般用木头或竹子做成，上面精致的图案代表了两串方孔铜钱，那叫制币。中国近代以前，早期铸币遗留的钱币在民间广泛流通，人们用这种制币进行贸易和买卖结算。制币的计算单位叫作"吊"，1吊钱为600～1000个铜钱，1吊钱的价值相当1两银子。由于货币汇率时有变化，1吊钱有时仅值50美分左右。

20世纪初，铜价开始上涨，尤其在第一次世界大战期间，铜币被熔化后出口国外，人民生活成本不断增加，制币的购买力越来越低，甚至沦落到用以打发乞丐的地步，制币已经走到了穷途末路。国家停止铸造制币，取而代之的是铜圆。即便是铜圆，也很快受到了纸币的严峻挑战。

钱铺需要获得地方银行的营业执照才能正常营业。无论钱铺自身的实际股本有多少，从店主的角度来看，他首先要做的是按照祖先遗训，在钱箱上放置一块牌匾，以保障自家钱铺的财运亨通。牌匾是朋友送来恭喜发财的贺礼，上面写着由"招财进宝"四个字叠合组成的一个大字。

作为中国货币体系的组成部分，钱铺在中国人日常生活中的地位非常重要。这些钱铺就像发电站，源源不断地输出货币，让兑换之轮转动起来。钱铺在店铺门头挂上牌匾，大门两边竖起抛了光的铜牌，装扮华丽，彰显了它在帝国商业中至高无上的地位。

大多数中国人向来喜欢把个人全部财产藏匿在隐秘之处，便于保存，结果这恰恰方便了强盗，于己却是弄巧成拙。钱铺、银号的发展改变了中国人这种传统的储蓄观念。外国人认为，银行是最好的金融体系，但中国新储蓄趋势的出现仅仅体现了老百姓的遵纪守法，并不能表明中国银号的真实状况。事实上，中国人千百年来的发明创造数不胜数，银号发行的纸币、支票早已有之。

近几年来，中国的银号体系发展迅速，但不论其运作多么高效，稳定国家货币的希望却依旧渺茫。地方银号一直滥用权力，阻碍国家对外贸易的发展。政府的支持让银号成为合法的货币兑换机构。这种传统货币流通体制得以延续的根本原因在于，时下的中国人有投机心理。我们常常会见到一些小孩子围拢在流动摊贩旁边，在摊车的轮子上转动一枚硬币，硬币停止旋转后猜测其正反面，猜对者能获得比硬币多一倍的赌金，玩赌的孩子即便输了钱也无动于衷。这些孩童长大后经商立业，难掩其投机本性，在银号汇率的起伏波动中寻求商机，愈加变得狡黠圆滑。

不管人们对于银号兑售的"游戏"是否满意，中国货币无休止的价值变化却让外国人感到了然无趣，无论是居住在中国的外国人还是游客均感同身受。暂且不论是出于被动还是主动，人们处于商业环境之中，想方设法控制商业态势，从中获利，是再正常不过的事。俗话说得好，千亏万亏钱铺不亏。总而言之，由于兑换的细节错综复杂，无论是业余人士，还是业界里手，谁也搞不清楚钱铺货币价值总额"亏空"了多少。

挂着"招财进宝"招幌的钱铺里，兑售交易熙熙攘攘，好不热闹。1美元有时候能兑换6枚面额为2角的银角币和12枚铜板，1个月后，1美元可能又损益20分，对此人们也没有异议。为什么同一天内，这家的汇率高，那家的汇率低，没有人对这些问题刨根问底。把美元换成零钱，每家钱铺可自行决定兑多兑少。上海的公共租界要求钱铺悬挂英文招牌，标明兑换业务。然而，中国没有这方面的法律法规，也没有行业惯例，上海的这项制度不适用于辖区以外的地方和其他省市。所以，去钱铺兑换货币时唯一能做的就是"无条件接受！"如果选择接受钱铺的兑换汇率，记得要把每一枚银圆在柜台上敲一敲，听听它发出的声音，仔细辨别真伪。

中国市场上的货币兑换形式多种多样，为公众和没有兑换资质的小钱柜保证货币兑换也是钱铺的业务之一。兑换时，要在钱币上印上标识，或用墨汁、锤子、凿子刻上小小的印戳。印戳会造成银圆细小颗粒的掉落，损伤钱币外观。经过多次凿刻印戳之后，银圆的价值将会大打折扣，店铺柜台不乐意接受这样的钱币。如果这种钱币还在市场上循环流通的话，只能按照重量来结算了，这种情况只在南方地区存在。

20世纪20年代，中国的货币一直处于混乱不堪、汇率不一的状态。中国货币的历史进程十分有趣，富有特色，这与中华文明的方方面面息息相关，并且不乏神秘色彩。关于中国钱币的各种趣事虽然不在本书的叙述范围之内，但我们还是略表一二，希望读者不要觉得此处离题万里。如果本书对这些问题不做交代，西方的游客或许会在匆忙的华夏文化之旅中对有些现象倍感困惑，百思而不解。

问题是鹰洋（墨西哥银圆）为什么长期在中国流通？近

期，途经香港、澳门和广州等地的旅行者会目睹鹰洋在市面上大行其道。在上述地方，英国银圆、孟买和加尔各答制币局制造的港洋（香港银圆）都在流通，不过西班牙本洋已经逐渐退出了人们的视野。除了以上货币之外，还有中国制造的各种货币，如龙圆和"袁大头"也在流通。"袁大头"上印制有袁世凯的头像，是现在流通最广的银圆。

笔者考察鹰洋在中国流通的历史时发现，虽然鹰洋早已成为中国外贸的兑换媒介，但它却不是第一个流入中国的外国货币。

本杰明·华特（Benjamin White）在著作《银》（*Silver*）中说："西班牙在最强盛的时期，无数的银币柱洋（因背刻大力神赫拉克勒斯之柱而得名）流通到海外，16世纪乃至之后的几百年中，世界各地的市场上均可以见到这些银币的身影，在华夏大地那些鲜为人知的小型通商口岸甚至也可以见到它。要知道，中国与墨西哥可是远隔重洋，柱洋要跨过万里重洋来到华夏帝国，殊为不易。"

实际情况是，1575年中国和西班牙通商之后，西班牙柱洋从马尼拉流进了中国的各个港口。

威廉·F.史保定（William F. Spalding）在《远东汇兑通货与金融》（*Eastern Exchange Currency and Finance*）一书中说："我们知道，银圆是西班牙人从菲律宾引进中国的。那是查理三世和查理五世统治西班牙期间铸造的银洋。……1757年，印度与中国之间的贸易开通时，东印度公司需要用银圆从中国购买丝绸、茶叶等商品，所以本洋这种货币开始风靡起来。广州是自1757年以来唯一对外开放的港口①，它为西班牙银圆流入中国市场提供了便利。在拿破仑战争期间，中国外贸交易总额的75%都是由西班牙银圆来支付的。"

西班牙银圆的统治地位一直持续到1854年才被鹰洋取代。当时，美国人设定的汇率标准为2枚鹰洋汇兑换1枚美国金币。1900年义和团运动之后，中国为支付八国联军索赔的庚子赔款，鹰洋被悉数用尽，继而鹰洋身价大涨。鹰洋自马尼拉流出时，对当地的货币流通也造成了很大的影响。当然，后来随着汇率的起伏波动，鹰洋再次贬值。然而，1919年，由于银价上涨，美金和鹰洋的汇率达到了1：0.73。1926年，鹰洋从市场上迅速消失，许多鹰洋被重新铸成民国银圆。民国银圆取代了龙圆和洋银圆之后，鹰洋辉煌的称谓已不复存在。

因此，中国人如愿以偿地以本国银圆代替了外国银圆。此前，英国、美国和日本政府都用自己国家铸造的银币代替鹰洋。鹰洋最终在中国人手中销声匿迹，结束了自己的历史使命。这个结局是由外部压力导致的，因为根据1902年中英《马凯条约》②第二款规定："采取必要措施，提供统一通行铸币，以作为全国中英商贸中支付厘金、关税及其他款项的合法手段。"

---

① 1757—1842年，广州一直是中国唯一的对外通商口岸。

② 即《中英续议通商行船条约》，签订于1902年。

中国人尝试统一流通货币的种种努力均以失败而告终，原因之一是中国银矿开采量太少。金融家耿爱德①在著作《中国货币论》（*The Currencies of China*）②中揭示了个中原因。耿爱德是上海交易所经纪人，在华25年，亲历了中国货币的风云变化和跌宕起伏，研究了中国货币的各种问题。耿爱德在书中说："中国中央政府认为，自己没有责任去控制全国各地使用的货币重量，也无意去统一黄金的纯度。把这些问题留给地方政府和商会等商业机构去自行解决。"耿爱德在书中的观点与银币息息相关，银两须经公估局鉴定，加批重量和成色，方可上市流通，银币铸造也是如此。之前，银币种类繁多，未能完全统一，并非铸币局铸币成色不够，而是另有原因。

中国最早自制的银圆背面有蟠龙图纹，所以又称龙洋，1888年由慈禧太后批准在广州铸造，但一直到两年后才得以问世。首批龙洋无论在重量上还是纯度上都不亚于鹰洋。尽管中国想以自制龙洋来取代鹰洋，将其作为支付官员俸禄、商务税收、国内财政和海关收支的合法货币，但其一旦走出广东省，购买力就大大缩水，不及外国钱币。即便如此，各省纷纷

---

① 耿爱德（Edward Kann），20世纪二三十年代著名的外籍中国货币金融问题专家，生于奥地利，多年侨居中国，从业于金融业，著有《中国货币论》《中国货币图说汇考》等。
② 《中国货币论》，上、下两册。全书重点论述了中国的金属货币，分为银部、金部、铜部三编，对中国货币之流通、种类、市场分布、产地、外汇市场等方面进行了梳理，勾勒了中国货币发展的脉络。

仿效广州铸币，开设钱局制造龙洋。截至1905年，全国已有17个省开设了20家官办钱局。

与此同时，官方有意限制铸造其他钱币，进一步增设龙洋钱局，并且银圆标准化的呼声日益高涨。但一些地方行省铸造的龙洋由于成色不佳，影响了龙洋的整体市场价值，不仅未能杜绝鹰洋，反而促使其价值一路飙升。

1906年，清政府下令裁减铸币局数量，户部合并了几个省的铸币局，全国只留下9家铸币局可以铸造银圆，并指定天津造币总局为官方中央造币厂。1911年至1912年，辛亥革命爆发，天津铸币局遭到毁坏。1914年，在其原址上重建了新制币厂，即现在的天津中央币制局。然而，1914年1月1日颁发的《国币条例》①第一款规定："国币铸造和发行权

---

① 辛亥革命发生以后，最初由于战争的影响，中国的金融市场、币制及货币流通一时呈现十分混乱的局面。当时通行的银圆就有10多种，其中外国银圆有鹰洋、站人、本洋等，本国银圆有广东、湖北、江南、安徽等各种龙洋，以及吉林币、东三省币、奉天币、造币厂币、北洋币、大清银币等。由于银圆种类繁多，各地钱庄借机抬高或抑低各种银圆价格，从中渔利，不仅使人民遭受经济损失，而且给社会经济生活带来许多不便，严重阻碍经济交流和经济发展。北洋政府为了整顿币制，于民国三年（1914）颁布《国币条例》十三条，决定实行银本位制度。《国币条例》规定："以库平纯银六钱四分八厘为价格之单位，定名为圆"，"一圆银币，总重七钱二分，银八九，铜一一"，"一圆银币用数无限制"，即以一圆银币为无限法偿的本位货币。根据这一规定，1914年12月、1915年2月，由造币总厂、江南造币厂开铸一圆银币，币面镌刻袁世凯头像，俗称"袁头币"或"袁大头"。这种新银币，式样新颖，形制划一，重量、成色与法定重量差异均不逾3‰。

归属官府独有。"各地现有的铸币厂一直以来由各省政府管控，独立于中央政府和天津造币总厂。还有一些与其他各省合并了的铸币厂重新开办起来，目前包括石家庄和上海新开办的两家铸币厂，共有30多家。然而，最近制币局等级分类却将天津和上海的制币局列为一等制币局，其余的皆为二等制币局。

1924年1月，《中国经济公报》刊发一则报道："时下，各行省长官视币制局为本省税金之源。通过发行银辅币来获取巨大利润。一些省属币制局为此而停铸银圆，仅铸2角银币和铜板以谋暴利。劣质钱币充斥市场，泛滥成灾，民众唯有低价收入。"最近，上海市场上到处都是2角假币，原来是由福建军方管制的一家币制局铸造的。由于中国人向来对军阀官兵的态度不太友好，使得部队军饷来源成了老大难问题，军阀只能通过自己掌控币制局这一有利条件来为自己牟利。外国游客在中国旅行期间见到的各种货币中，除了以上提到的几种之外，还有秘鲁银洋、玻利维亚银洋、美国贸易银圆、法国皮阿斯特银圆、日本银圆和印度卢比等。不过这些货币将很快让位于民国货币，这在《中国货币论》一书的论述中一目了然。读者会从这些论述中看到这些外国货币迅速消失的历程。

鹰洋曾在中国市场上取代西班牙银圆和美国银圆，一度被中国金融史认为是流通最为广泛的货币。鹰洋的背面是墨西哥国徽——一只展着双翅、嘴里叼蛇的老鹰，上面用西班牙文写着"墨西哥共和国"。正面是自由帽,上面写着"自由"两个字,自由帽的后面是光芒四射的光柱。墨西哥银圆虽然有"鹰洋"之名,但在墨西哥,鹰洋和其他西班牙铸造的货币都被称为"比索"①。首次铸造鹰洋是在1824年,那是墨西哥共和国刚刚成立三年之际。鹰洋问世后便取代了自1537年起西班牙政府在墨西哥设厂铸造的银圆。耿爱德认为:"鹰洋不仅在南北美洲之间、西印度群岛、太平洋群岛和日本之间广为流通,而且在西伯利亚至热带的大部分地区循环流通。"鹰洋在中国颇受欢迎的原因其实很简单,就是它具有上等成色,做工精匀,从而在中国风行60年,久享盛名。自1854年初次流入中国市场以后,鹰洋的历史使命显然已经结束。它从中国市场上消失只不过是时间问题,在它之后,将是"袁大头"和中华民国银圆的天下。

1910年,中国人开始把货币称作"圆"。当时,由于人们不满龙洋成色的参差不齐,清政府度支部颁布新规来规范货币铸造。然而,清政府想统一货币的种种努力却因中华民国的诞生而被湮没在历史的潮流中。天津、南京、武昌、广州等地币制局铸造发行的"袁大头",克服了旧币面临的跨省流通问题,终于在中国全面流通开来,而且其价值没有因省际流通而缩水。

玻利维亚银洋、智利银洋和秘鲁银洋都是中世纪各国开

---

① 比索(peso),一种主要在西班牙殖民地国家使用的货币单位。

矿采银制作而成的，后来被西班牙商人连同西班牙银圆一起带到中国。17世纪，由于铸造条件有限，这些银圆中掺了过多的合金，最终不为公众认可。根据耿爱德所言："这些银圆现在在中国被看作一种稀罕的收藏品，而不是流通的货币。"英国银洋的正面是一名武士，站立在海边的一块岩石上，右手拿着一把三叉戟，左手持盾；背面用中文和马来文写着银圆的面额币值。

1866年至1868年，英国政府企图把英国银洋投入马来半岛海峡殖民地地区和香港地区流通使用，以取代鹰洋。期间，英国将铸币机器出售给日本进行铸币。后来，出于同样的目的，英国政府又雇佣孟买和加尔各答的造币厂铸造英国银洋，于1895年开始发行。1906年，由于海峡殖民地地区采纳标金兑换制，英国银洋才在英属直辖殖民地和马来地区的货币流通市场上被挤兑出去。与此同时，印度一些制币厂铸造的银圆在中国的流通越来越广，进而成为鹰洋的竞争对手。印度银圆虽然在上海从未形成气候，但在1909年至1912年的中国北方地区却风靡一时。

美国贸易银圆的正面题写着"贸易银圆"和"美利坚合众国"字样，于1873年至1887年专供远东市场流通而铸造。当时，鹰洋在外国市场独占鳌头，虽然出口税达8%，但获利却极高。虽然美国贸易银圆在中国也有着相当不错的口碑，但它不是最受青睐的币种。第一批美国贸易银圆的汇率为1.04美元，但它流回美国后却不是合法的流通货币。美国贸易银圆发行4年以后，白金属价格大幅下跌，导致其贬值，价值不仅低于金币，还低于银行发行的纸币。于是，美国政府撤回海外流通的贸易银圆，至于那些未能回到美国的银圆在东方市场的熔炉里终结了自己的命运。

法国坐洋银圆源自1862年成为法国殖民地的印度支那，1885年开始铸造发行。它的重量、成色和制式与美国贸易银圆一致，但要优于鹰洋。正是由于这个原因，法国坐洋或被囤积收藏，或被回炉重铸。为了抢占国际市场，1895年，法国又发行了一种新的加重版坐洋，这种银圆至今还在中南半岛和中国云南等地流通，而鹰洋在这些地区已经消失了。

1869年，日本在香港从英国殖民政府手里购买铸币设备，随后铸造发行日本龙洋，目的是挤走鹰洋。但第一批日本龙洋的成色不及鹰洋，所以日本决定提高龙洋的质量以应对美国贸易银圆，经过多次努力却收效甚微。1904年至1905年，由于日俄战争爆发，日本龙洋在中国东北三省站稳了脚跟。日本龙洋现在虽然已经从中国市场上消失了，但它却以纸币的形式还在一些地区流通使用。

"袁大头"在中国虽然没有出现被仿造的情况，但没有超过其他银圆而一统中国流通货币。与中国铸造的第一代龙洋相较而言，"袁大头"的铸造发行速度更快。现在人们发现，应该降低对银圆成色的规定，这样才能与低品质银圆被熔化后重铸成的"袁大头"成色一致。随着时间的推移，这种循环熔化重铸的银圆逐步被市场淘汰，越来越多的"袁大头"由银条铸成，当银条严重缺乏的时候，直接用银锭铸造。用银锭铸币的生产成本要更高一些，非不得已而如此。

最早的银圆设计师是一位天津币制局的外国雕刻家，但他的设计没有被政府采纳。这个民国"天字一号"银圆最终被确定下来，就是现在的样子，正面是袁世凯的大头像，写着汉字"民国×年"，表明铸造该币的年份，背面是谷穗环绕着的"一圆"两个汉字。被"袁大头"逐渐取代的是其他民国银圆，有民圆版孙中山头像的"孙小头"银圆，黎元洪开国纪念银币戴帽版和免冠版两种，四川军政府铸造的四川银圆，以及1925年为纪念中华民国建国14周年发行的限量版银圆，等等。

中国的货币流通迄今为止还在影响外国游客，游客只需在旅行时携带民国银圆即可，民国银圆在中国各个地区均可通用。有的游客可能坚持要把银圆兑换成银票，要知道，银票只要离开发行地就会立刻贬值。

第八章

炉房官银

　　本章我们继续考察中国货币的另一个重要方面——炉房与官银。71号招幌是炉房幌子，是本书所要考察的最重要的招幌之一。本章中的几个招幌五彩斑斓，形态各异，其中，炉房招幌有金边蓝色木牌，下面坠着一块马蹄状银锭。在炉房，工匠把银条熔铸成宝银银两。银两在中国是一种计算单位和结算标准，外国人对此感到十分神秘。时至今日，中国人想把银两变成现代通用货币的种种努力都未成功，前文对此已有详述，此处不再赘言。现实中用于贸易的商用银两居然由私营炉房铸造，着实令人匪夷所思。

　　因此，炉房自然就成了中国社会中最重要的行业。想到行会精细的运行机制，我们对炉房在中国金融货币领域的巨大影响有了初步认识。弗雷德里克·库利夫·欧文（Frederick Cunliffe-Owen）在《纽约时报》上发表了一篇文章，在讨论中国社会时，生动描绘了行会对中国百姓生活的影响。

> 在中国的行会中，控制整个金银贸易的行会最具影响。众所周知，它们在不同时期，尤其是在第一次世界大战初期，在金银价格走势艰微之际，左右着美国、英国和欧洲大陆的货币市场和钱业资源。
>
> 通常，这些强大的行会各自为政，只有在非常时期才会互相合作。它们神通广大，呼风唤雨。值得一提的是，没有哪个省的督军或总督，甚或在大清皇帝和皇太后专制统治最严酷的时期，不论官府的力量多么强大，他们都未曾试图去控制某一家或所有行会。官府非常了解，行会有许多办法可在一夜之间使与其相关的一切商业活动陷入瘫痪，不费吹灰之力便能控制国家金融系统。

这段描述十分真实，对于中国行会的描述无出其二。

中国银圆的正、反两面各有其象征意义，正面象征着统治者的权力，反面的面额大小象征着臣民的顺从。时光荏苒，历史变迁，朝代更迭，皇权易主，清政府崩溃，共和不再，但民众的力量却得以存续。尽管时局纷纭变化，炉房在中国商业中依旧地位卓越，商银在中外商业贸易交往的历史画卷中仍举足轻重，行会一如既往地主宰着国家的经济脉动，且日趋强盛。

毋庸置疑，炉房发展已与官府当初设置它的初衷大相径庭，但现在受官方管控，即由政府委托公估局行使管理权。因此，要是哪家炉房被公估局认定为业界老字号，就极大地保证了它在商界的信用和地位。操持铸造银锭的实际业务通常由一些小型作坊承担，这些作坊就是71号招幌所展示的银炉作坊。

银炉作坊的工作非常重要，但其内部环境却非常糟糕，设备简陋，空空荡荡。除了工人之外，恐怕没有几个人愿意前往作坊内部。作坊所铸银锭大小不同，从半两到50两不等。作坊里，铸造好了的银锭堆放在一起，窗台上，炉盘上，随意四处摆放着的破凳子上，到处都是。按照规定："凡银锭初出银炉，即首由公估局饬人查验，先权其重量，用墨笔批明于锭面，然后由精于鉴别之专家，用试金石或凭银锭之光泽及其外形，估定其成色，亦用墨笔批明。"

读者或许还记得本书前一章提到的牌匾——德昌估局的招牌。牌匾上的汉字寓意为店主品德高尚，这种称号绝不仅仅是一个华丽的辞藻，这一点从耿爱德《中国货币论》一书的论述中可见一斑。

耿爱德在书中写道："虽然检测方式非常落后，但经过国内外专家的检查发现，检测结果表明公估局化验师工作态度诚恳，检测判断准确。"关于"银两"这个名字，中国人众说纷纭，外国人更是不解其意。据说"银两"这种称呼源自印度词汇"通喇"，但从价值角度看，这两者绝不相同。在中国，两是一种计量单位，可以是一两银子、一两黄金或是一两羊毛。以银子为流通货币，以两为单位，所以就叫"银两"。中国人不用"盎司"一词，外国人想用盎司来表达银和两的两层含义，反而造成了理解混乱。中国人说"一盎司银子"的时候，会用"银两"这个词，有时会在"银"字后加缀"子"，说成"银子"。其实"盎司"只对应"两"字，"银"则是白银的意思。

中国数百种银两的重量和成色问题，以及金衡制中的等量价值问题，都无定论。但这个问题过于复杂，还涉及当时当地的各种情况，只有研读金融类文献，才能略知一二。

耿爱德在书中这样写道："银两在中国各个地区都能流通，但无论重量还是成色，各地之间大相径庭。各地银两的具体面额代表着它本身的重量，但由于铸造方法的落后，各炉房不按照标准方式铸造，导致成色没有统一标准。"成色至少达到0.935的白银被铸成不同重量的银锭后，才会被人们统称为"银锭"，俗称"细丝"。

"细丝"一词的本来意思是上等的丝绸。根据翟理斯[①]在《有关远东问题的参照词汇表》(*Glossary of Reference on Subjects Connected with the Far East*)中的记载,民间用"细丝"来指称银锭的说法起源于吉林、山东、山西、陕西、河南等北方五省。

山西的银号把白银熔铸成锭子,"银锭凝固后,轻轻敲打模具,银锭的面上会出现精美的丝绸般的细纹。银锭的成色越足,锭面上的细纹就越多"。这种银锭纯银含量很高,由是得名"细丝"。

比起银圆战胜鹰洋的历史,中国通过铸造银锭把理想变成现实的奋斗历史更为有趣。一次次铸造银锭的尝试和努力,构成了中国货币发展独有的历史轨迹,1867年,香港短暂的冒险行为只是一次例外。咸丰年间,墨西哥推翻西班牙统治而独立,导致上海的西班牙银圆数量锐减,价格激增,上海发行了一种"上海规银",在商业结算中广为流通。由

① 翟理斯(Herbert Allen Giles,1845—1935),19世纪后期至20世纪初英国汉学家,曾被誉为英国汉学三大家。译有《三字经》《洗冤录》《佛国记》《庄子》《聊斋志异》《古文选珍》等。翟理斯著述甚丰,主要有《中国概要》(*Chinese Sketches*,1876)、《有关远东问题的参照词汇表》(1878)、《华英词典》(*A Chinese English Dictionary*,1892)、《古今姓氏族谱》(*A Chinese Biographical Dictionary*,1898)、《中国绘画史导论》(*An Introduction to the History of Chinese Pictorial Art*,1905)、《中国和满人》(*China and the Manchus*,1912)、《儒家学说及其反对派》(*Confucianism and its Rivals*,1915)、《中国文学史》(*History of Chinese Literature*,1928)等。

于西班牙银圆与上海规元①价值大小相对应，账务转换时只需在账簿上改变一下货币名称即可。但是和其他中国银两一样，上海规元是以银辅币的身份上市流通的。

追溯中国货币发展史，铸造银币肇始于南宋年间，即1183年，但所造"承安宝货"银币仅流通了3年时间。一直到19世纪前没有出现过类似货币。根据卫三畏②在《中国总论》（*The Middle Kingdom*）中的记载，福建省于19世纪初铸造了一种银币，重量为七钱二分（银两量制为：10厘=1分，10分=1钱，10钱=1两）。银币上面刻印着"寿星"图和"道光"字样。福建银圆之后便是香港铸造银币的尝试，一直到19世纪后半叶的光绪年间，才铸造出了流通至今的银

① 规元，也称豆规银、九八规元，近代上海通用的银两计算单位。1933年以前，它是上海通行的一种记账货币。鸦片战争前，豆类属于大宗货物，上海大宗商品交易即用规元计算，故有"豆规银"之称。上海对外贸易原以本洋（西班牙银圆）为标准货币的计算单位，开埠以后，因本洋来源断绝，市价上涨，大大超出其所含银值，几乎同上海规元的价值相等。当时鹰洋还不能与本洋等价通用，1856年，上海商界乃一律改用规元为记账单位。1857年，在沪外商也被迫采用规元为计算标准。规元只做记账之用，并无实银，以上海银炉所铸二七宝银折算使用。如果二七宝银重五十二两，加升水二两七钱五分，合纹银五十四两七钱五分，再行九八升算（除以0.98），可合规元五十五两八钱二分六厘。"九八规元"之称，即由此而来。

② 卫三畏（Samuel Wells Williams，1812—1884），最早来华的美国新教传教士之一，美国汉学教授。1856年后，长期担任美国驻华使团秘书和翻译。曾9次代理美国驻华公使。代表作有《中国总论》和《汉英韵府》等。

两，但只限于新疆地区流通使用。1905年，清政府铸造发行库平①，作为出纳银两和海关纳税所用衡量标准的一种新流通货币。然而，库平作为一种尝试性流通货币，在10年之后即1915年被取消。

随后，湖南省开始流通一种奇特的银币，呈扁平状，上面刻印着重量和银号名称，这是湖南长沙地区银号的铸造风格。在长沙，各银号把碎银交由省属币制局，印上戳后作为货币发行流通。清末，政府开办天津币制局，中国人最后一次铸造银币，但和之前一样，终归无疾而终。就这样，中国按自己的传统，总要赋予银币某种形制，但货币形式的更迭变化并未影响银两的地位。银两经受住了历史变迁的考验，值得信赖。无论世界货币潮起潮落，银锭依然屹立不倒。

民间惯称的"马蹄银"也指银锭，也叫"细丝"。之所以叫"马蹄银"，是因为蒙古族有将银块藏匿在马蹄趾缝间的传统。蒙古族征服中原后，重新恢复宋朝旧俗，把囤积在阿拉伯和欧洲地区的白银铸造成银锭，形状如同马蹄，所以有了"马蹄银"的叫法。

意识到白银在贸易中具有的财富功能，汉族人迅速效仿蒙古族人铸造马蹄银。这种形制的银锭不但易于估测白银纯度，而且便于存放在室内。后来，银锭向外国公司证明，其

---

① 库平，清政府征收租税、出纳银两所用衡量标准，订立于康熙年间。1908年，清廷度支部拟订统一度量制度，规定以库平为权衡标准。库平1两为37.301克。

在财会结算和省际流通中是最为可靠的货币手段。山西省是金融体系和汇兑钱庄的发源地，也是储存银锭的业界翘楚，据说该省储存了大量的银锭。现在山西、陕西和河南三省所在的中原地区，被视为是中华民族的摇篮。出生在其他地区的人，尤其是出生在亚洲西北地区的人可能多源自这一地区，后来这一地区并入大秦版图（"秦"的汉语拼音Qin就演变成了China）。中国进入封建社会后，建都平阳（今山西），中原地区的版图大大拓宽了。随着行会对中国商贸组织的影响越来越大，山西成为银号钱庄的大本营。

篇五 日用杂货

　　前文考察了中国人的饮食、卫生、服饰等生活习俗领域的招幌，又观察了各种作坊，接下来去看看中国人如何应对自己的辛苦所得，怎么花费银圆铜板。仔细思考一下中国人的消费习惯，你会觉得他们首先要考虑的应该是给自己购买一支烟斗。因为烟斗能给他带来身心的愉悦，而且是一身行头的标准配饰。没有烟斗，看起来就不像一名真正的老派士绅。

　　家中客至，饮茶品茗、促膝长谈自然不能缺少香烟的助兴，用外地烟草待客更有档次。推杯换盏间，主人手端长长的烟斗，吞云吐雾，不亦乐乎。烟斗的咬嘴部分可以拆卸，通常用黄铜、玛瑙、玉石或者其他材料做成。不管烟管有多长，装烟丝的斗钵却只有顶针那么大。中国人对烟草的依赖要远甚于对美酒的青睐。

烟铺

读者须得明白，本书系综合指南类读本，内容既要涉及女性素材，也要涵盖男性素材，73号烟铺招幌与男女都有关联。烟铺招幌由黑、白、红、黄四种颜色构成。烟铺商崇拜的保护神是布袋神而非关帝。不知道读者是否喜欢，布袋神的形象是，光着脚丫弯着腰，肩扛布袋手挂棍。布袋神的画像一般挂在烟铺的显眼位置，画像前的案几上供有香烛。

招幌上写着"关东莎"三个字，意思是烟铺出售来自辽宁省的上等烟叶。中国妇女喜爱的卷烟和烟叶包装上都有一个"烟"字。外侨在购买香烟时，如果汉语言知识有限，对"莎"和"烟"两个字的概念模棱两可。

烟袋铺

74号招幌中用一个烟斗作为烟袋铺的幌子。招幌上的烟斗与日用烟斗相去甚远，它的尺寸大得离奇，只有神话故事中才有。真正的烟斗长1～5英尺。一般而言，船夫使用的烟斗长度最长，这或许是因为船甲板上空间开阔，长烟斗能施展得开。行走在乡间小道上的人常常使用短柄烟斗，不吸烟时，只需要把烟斗斗钵的一端塞进烟叶包即可。烟斗的咬嘴和斗钵几乎一样大，烟杆的长短决定着烟斗的整体长度。烟杆通常由竹子做成，需要更换烟杆时，人们便会来到烟袋杆铺购买新烟杆。

75号招幌是烟袋杆铺的招幌，招幌上挂着3根长度相同的红绳，串着3串烟杆，说明该店出售烟杆。

烟袋铺中最有趣的烟斗应该是水烟筒。它由白铜、黄铜、银子等金属或景泰蓝瓷器制作而成。烟筒主管呈椭圆形，约3英尺长，重量很轻，管内用来盛水。副管弯曲着安装在主管上，约莫1英寸半长。烟仓是一根管子，安置在竹筒前部1英寸高的位置。顶部装着一个可以拆卸的管子，用镊子往里面夹填烟叶后点燃。吸完之后，重新清理烟仓，再次填满烟叶，这些操作一般由仆人来完成。如果外国旅人有幸在火车上偶遇一群吸水烟消遣的中国女子，其情其景，定将永生难忘。吸烟的女子会用双手托着烟筒，动作优雅，同伴咯咯地笑着，十分惬意。烟叶点燃后火星亮起，一阵青烟袅袅升起，然后几个女子互相传递烟筒轮流吸烟。观察她们的外国旅人则会从中判断中国人的民族特性，进而为这一习俗找到答案：是不是忍耐、节俭和不加反思易于接受的特性，让吸烟普遍成为中国人的消遣活动？还是因为追求好玩才是中国人尤其是中国妇女的性格特征呢？

鼻烟铺

76号招幌象征着一种诱人的烟草，它是鼻烟铺的招幌。从颜色上判断，招幌的上、下两个部分代表着两个虎头或是其他动物，从外形上很难分辨。招幌设计的本意可能是虎头设计，由于中国的艺术传统，在虎头上面加了一对角。雕塑刻画动物不能完全真实地表现动物的面貌，因为这样会冒犯动物的神灵。除此顾虑，民间艺术家在作品中都会尽量去还原动物的真实面貌。不管怎样，鼻烟铺招幌表达的含义是，该店会为每一位顾客制作精美的鼻烟壶和精致的小匙，这是国外收藏家一直乐此不疲的玩物藏品。

手巾铺

很明显，77号招幌是手巾铺招幌。

肥皂铺

与手巾铺招幌相邻的78号招幌是肥皂铺招幌。招幌由许多小球串在一起，左右对称地挂在幌杆上，看起来十分有趣。串起来的小球代表着肥皂。

棉花铺

79号招幌是棉花铺招幌，招幌上的棉花球用红色绷带自中间捆了起来。棉花对于中国人而言，如空气一样重要。购买棉花时，人们会精心挑选，反复对比，这并非人天性如此，只希望能买到质量最好的棉花，做成被褥和床上用品。在天寒地冻的季节，棉被带给人的温暖胜似亲人。穿上棉衣、棉裤后，人们不再苗条，穿得越厚，体型就越臃肿。

棉花铺作坊里，弹棉匠把棉花铺开后用木槌击弦，使棉花逐渐疏松，直至像干燥的雪花一样轻盈。在中国的城市里，弹棉花的情形是人们非常熟悉的场景。寒冷季节来临时，棉花铺里开始忙碌起来，弹棉花时，弓弦击打在蓬松的棉花上，发出声声弦响。在如今的工业时代，古老的弹棉技艺令人惊奇又感叹。飞扬的花絮如同一层云雾，透过云雾放眼望去，弹棉工匠欢快地工作着，棉花飞絮飘落在他的身上，让他看起来毛茸茸的，甚至连空气都变得轻盈洁白。然而，棉花铺空间狭小，门向外开着。在弓弦欢快的弹击声中，眼前的棉絮越来越高。弹棉工匠俯身察看时，他的脸上全然没有劳作时辛苦的样子。对于弹棉匠来说，声声弦响如同天琴拨出的仙乐一样动听，这是对坚忍劳作者灵魂的怜悯之音。虽然与艺术家想象的情形相去甚远，但从他们身上我似乎看到了天使般的专注精神。

绒线铺

80号招幌是绒线铺招幌，红、蓝、绿三种圆环代表绒线，很容易辨识出来。

线麻铺

81号线麻铺招幌十分粗糙。一捆麻线捆绑在一起，看起来像一把刷子。线麻铺的招幌就是这个样子。线麻铺里出售各种粗细不等、长短不一的绳索和麻线等线麻制品。中国的线麻制品很硬，不容易编缠。

军刀铺

82号招幌是军刀铺招幌。军刀把我们的思绪再一次带回清政府的统治时期。看见它，很容易联想到清朝官员的绣花长袍和厚底毛毡的朝靴，还有像军刀刀尖一样挑起的鞋尖。军刀曾在彪悍的清代旗人手中十分煊赫，或作为官员朝服的饰品而享有崇高地位，然而如今已被人们遗忘。军刀铺招幌表明，今时今日还可以在这里买到军刀。

刀剪铺

83号招幌上是民间常用的刀剪工具，都是铁制品。招幌上，左边是裁缝用的剪刀类工具。不知道读者有没有猜出上边的物品究竟有何用途，那是修脚匠使用的工具。旁边是鞋匠的裁剪刀，其中一把裁剪刀和50号招幌中的刀极为相似。其他刀具都是各式各样的厨房用具，让人不由得想了解一下中餐的烹饪手艺。招幌最上面的物品看起来十分特别，它是用来切割银币、银锭的工具。左下方角落处的是钳子。

挂镜铺

84号招幌是售卖各类镜子的挂镜儿铺招幌。无论是室内还是户外，在中国，镜子是一件备受欢迎的物品。中国妇女或许是世界上最整洁干净的女性，女士坐乘的车驾上或是轿子里总会装配一面镜子。不管她们身在何处，像变戏法似的总能从身上拿出一面镜子。当梳妆精美的云鬓上有一缕头发散落下来时，或者细嫩的皮肤上有了细微变化时，她们就拿出随身携带的小镜子，照着镜子轻捋青丝扑粉补妆，不留下任何凌乱痕迹。

四四方方、五颜六色的挂镜儿铺招幌象征着随身携带的各种小镜子。除女性整容补妆之外，中国人把镜子镶嵌在婴儿的头饰上或新娘的服装上，用来辟邪防魔，保护主人。这种习俗有点像西方神话故事中魔鬼撒旦惧怕圣水一样。中国人相信，魔鬼最怕看见自己的面孔，或许不无道理，因为从面相上可以看出一个人的很多方面。新娘戴的小镜子串在一根项链上，镜面朝外，坠在胸前心脏上方偏左一点的位置，其目的不言而喻。

直到近代，中国才出现了玻璃镜子，至今大概有25年的历史。之前的镜子用抛了光的黄金、青铜、黄铜或其他金属做成。新娘子乘坐轿子出嫁当天或是婚礼结束几天以后回娘家时，会把镜子戴在怀中，镜子背面用浮雕刻着两个圆圈和"五子登科"四个字。

除此之外，有镜子照亮亡魂之路的说法，将镜子放在逝者胸前，能帮助亡灵通过黑暗的黄泉路。本书后文还会讲到镜子这方面的重要功能。中国人崇尚的护身符有很多种，魔镜也是其中一种，身怀六甲的孕妇身上戴着镜子才能进入灵堂，因为镜子能保护胎儿不会夭折。

红铜铺

现在我们去看下一组招幌，此行是本书针对中国家具陈设的考察之旅。在挂着85号招幌的红铜铺里，可以买到茶壶、罐子、碗、火柴、烟灰缸以及装饰用的花瓶和备受人们喜爱的各类铜制品。铺内的铜器色泽微红，闪烁着迷人的光芒。随着时间的流逝，古铜器变得愈加稀少，如果运气好的话，在红铜铺能捡漏到一些古铜器制品。现代中国人对仿制古铜器制品毫无兴趣。

毯子铺

在悬挂86号招幌的毯子铺里，可以买到暖和的羊毛被毯。羊毛被单要和棉床垫一起在床上或炕上搭配使用，炕洞里煨着火，十分暖和。在这家毯子铺里，还可以买到其他东西，如车毯、床罩、帷幔等。

毡子铺

如果要选购地毯，可以到悬挂87号招幌的毡子铺看看。店铺老板通过招幌意在为顾客推荐一种小红毯，这是清朝官员在皇帝面前行跪拜大礼时要用到的蒲团，平时，官员把蒲团装在轿子后面固定着的箱子里。有时，装蒲团的箱子里还会装上一套素袍，长袍的样子和毡子铺招幌基本一致。携带素袍意味着这位官员依照圣旨，去赴死谢罪，到达皇宫门口时，就得穿上这身长袍。

小红毯作为满清官员蒲团的用途已成历史，现在，它出现在寺庙佛像前的神龛下，或者传统婚礼仪式上。新郎和新娘跪在小红毯上向祖先、父母双亲、媒婆、远亲近邻和宾客磕头行礼。不过，在现代婚礼仪式上，三鞠躬或四鞠躬取代了磕头的习俗，而红地毯则成了婚庆现场醒目的装饰品。

音乐铺

看到音乐铺招幌和鼓铺招幌，我们一边思考其中含义，一边步入说唱①艺术塑造的音乐气氛。88号和89号两个招幌上的乐器让人想起餐馆里演奏的中国民族音乐，男性游客对此比女性游客更为熟悉。这些丝弦乐器有时与歌女的咏唱形成合奏，但更多的是，在歌女说唱的间隙过门起到前后衔接的作用，听客常常会点名指派歌女为其单独弹唱演奏。

不论是在婚礼还是葬礼上，中国人用敲鼓来驱魔赶鬼。追溯鼓之起源，其发展变化的确令人感到好奇。鼓最早被大禹用来纳谏听言，聆听臣民与之讨论君王应有之美德的心声。现在，鼓不仅在说唱中占有一席之地，而且出现在舞台表演艺术中。除了婚礼和葬礼，中国人把所有音乐形式都称为"说唱"。

弹弓铺

本章最后一页插图上的两个招幌带我们来到中国儿童的玩具世界。91号和92号招幌为弹弓铺招幌，两个招幌中较小

---

① 清朝时期，说唱蓬勃兴起，曲种继续分化、衍进，新品种、新曲目大量涌现。至清末，大体上已形成弹词、鼓词、牌子曲、道琴、琴书等五大类格局。另，全国各地流传着不少杂曲类型曲种，如莲花落、花鼓、三棒鼓、连厢、荷叶、太平歌之类，这些曲种与歌舞、音乐有极为亲近的联系；特别是民族地区，流传着伽倻琴弹唱（朝鲜族）、大本曲（白族）、格萨尔王说唱（藏族）、布依弹唱（布依族）、嘎窨（侗族）等曲种。

一点的弓弩可以看作玩具，从外形上能清楚地看到这一点，较大的弓弩用来射鸟。

如今是否真的需要这些弓器，值得商榷。在通往西陵和东陵的皇家墓地大门两侧，我们亲眼见过摆放整齐的弓弩，弓长8英尺，十分显眼。那些弓弩有使用过的痕迹，随行人员坚称它们是用来猎鸟的，猎鸟之后被放回弓架。时至今日，这些弓弩具有了历史文化价值。

在清朝各代皇陵的历史陈设中，这些古老的弓器就像八旗子弟的军旗，把人们的思绪带回往昔的征战场景，军士手持弓弩箭矢、长矛大刀，英勇顽强地与欧洲人的子弹、大炮和强大的军事力量浴血对抗。

早在几千年前，汉族先民就开始在黄河流域繁衍生息。满族人的祖先由不同部落和族人组成，古称肃慎人。他们占据着从大兴安岭到海边，包括阿穆尔盆地的45万平方英里的土地。肃慎人为了发展与他族的友好关系，有时会派遣使团访问，为皇帝敬献各种贡品，其中就有弓弩。这些进贡的弓弩成为后来几百年间制作弓弩的参照样品。满族人擅制弓弩的历史由来已久，制作工艺十分精良，足可敬献天子。

毫无疑问，正是出于对弓弩的迷恋，满族人不愿意接受火枪。17世纪以来，满族人和明政府连连作战，直到1631年的辽西大凌河之战①，才开始转变观念，让战俘为他们制造火炮。由于改变了军事策略，加之高超的领导才能，努尔哈赤统一了女真各部，建立了后金政权。后来发生的一系列军事纠纷导致满族人与明政府之间战事不断，满族人最终一步步征服了中原，努尔哈赤却于1626年负伤而终。起兵之际，努尔哈赤谴责明政府侵犯其边界，宣布"七大恨"②祭告天地，不承认对明朝的附属关系，公然反明。后来，正是6万名以弓弩刀剑武装起来的满族军士，推着攻城云梯，与24万名持有火枪火炮的明廷大军展开了英勇的战斗，最终把战火烧遍了全中国。

琉璃坊

挂着93号招幌的玻璃作坊出售一种特别的玩意儿，虽然似乎没有过多详述之处，然而却是颇为有趣的招幌。招幌上

---

① 大凌河之战是1631年（明崇祯四年，后金天聪五年）由后金皇太极率领的5万军队进攻明政府辽西大凌河城的战争。经此一战，明朝廷遭到战略性的失败，加速了明亡清兴的历史进程。此战是中国古代军事史上围城打援、亦战亦款的成功战例。
② "七大恨"为明末后金政权君主努尔哈赤发布的讨明檄文。后金天命三年（明万历四十六年，1618年）四月，努尔哈赤祭天焚表，发布"七大恨"，起兵征明，拉开了全面对明作战的序幕。该谕原文在祭天誓师时焚于赫图阿拉堂子前，内容经后人追忆或有出入，或出于统治者需要有所删改，故各种版本文字不同。

展示的是一些玩具，经常出现在中国儿童的图画中。招幌上的这些玩具由最薄的玻璃制作而成，容易碎裂。它们色彩斑斓，工艺精美，结构精巧。无法想象，在粗犷的西方小孩手中，这些玻璃玩具会有什么结果，但它们却是中国小孩的掌上玩物。除招幌上的长嘴喇叭可做乐器吹奏外，其余器物只能当玩具把玩，但孩子们乐此不疲。招幌上还有象征着长寿的仙桃、圣水净瓶和人们熟悉的宝葫芦等，不一而足。

虽然街头顽童对赌博游戏似乎颇感兴趣，但总体来说，中国儿童的兴味与西方儿童的并没有多大差别。中西儿童都喜欢玩具娃娃、玩具屋，就连过家家游戏中的许多细节也非常相似。如果有什么不同之处，那就是中国男孩会用自己的双手制作这些玩具，供自己和姐妹玩耍。近几年来，玩具店在中国各大城市如雨后春笋般涌现出来，儿童玩具的花样层出不穷，玩具士兵、机械火车、货车、摩托车等不一而足。玩具店虽然也有一些女童心仪的玩具，但种类、数量有限。和西方女童一样，中国女童手艺不凡，能熟练地做出娃娃的衣裳，但她们把玩的娃娃多半是其哥哥用木头做成的。有趣的是，西方儿童普遍喜爱的"恶魔"玩具也很受中国儿童的欢迎。"恶魔"的形象出现在古代绘画中，据说是中国本地文化产物，但也有可能由早期西方传教士带到了中国。

篇六 医疗药品

中国社会犹如万花筒，习俗纷繁多样，文化博大精深，其中与西方理念最难互通融合的当属中医中药传统，只要涉及中医药问题，西方人就会大惑不解。外国医生或者接受过西医训练的中国医生一般不信中医，在他们的影响下，一些不懂医学的业外人士也难以接触中医，大都不相信中医。尽管如此，业外人士对中医的潜在功效依旧心怀想象，认为中医与中华民族的内在心理具有一定的相互关系，相信中医是中华民族几千年来生生不息、一脉相承所取得的独特成就。然而，不论何时，只要有人发出这种声音，总会因为存在某种疾病造成的非正常死亡或中国婴儿高生病率的事实而遭到驳斥。因为，从西医的角度来看，中医还不够完善。

所谓中医还不够完善，是指中国普罗大众要走出中医的藩篱，进入现代医学院学习西医，不再忽视医疗卫生设施，注重疾病预防，认识到个人对于公众健康负有责任。如果在中国仅做短期旅行，很容易过高地估计西医对中国医疗卫生的影响。

如果你在中国亲历过一系列人和人之间救死扶伤的英勇画面，会看到一批又一批医护人员在手术室和实验室里忙里忙外，甚至现代化监狱里也配备了西式医疗设施，国民政府已颁布法令使用西药来保障军队的健康，宣传疾病防御和公众健康的教育活动已经逐步落实到偏远省份的偏远山村。这一切让人觉得，一场全新的运动已然兴起，方兴未艾，已是不争的事实。

然而，恰似登高山之巅观沃野平川，这是从宏观视角观察中国医疗卫生问题而得出的推论，并非虚假结论。只有通过更进一步的研究，才能对早期传教士行医的工作环境和中西医之间的矛盾与冲突有所了解。也就是说，只有近距离观察社会实际情况，才有机会认识现阶段西医在华普及情况及其良好的发展态势。

本书没有专辟章节介绍中国西医学堂的创办及其发展史，西医学堂的中国发展史是一个特殊话题，留待这一领域的资深学者专门论述。西医的中国传播既是有趣的偶然之举，又是严肃的历史事实。行医传教士工作繁重，只能在休息的间歇才能收集相关素材。对于传教医师来说，整理年度报告已不堪重负，所以他们没有任何雅兴来谈自己工作中的逸闻趣事。由此可见，传教医师是中国西医队伍的主要力量。

1920年，中华博医会在北京举办年会，会上发布了一些信息，出人意料。为了便于本章介绍药店情况，这里简单对其做一叙述。通过这些信息，读者会更好地了解西医在中国的发展情况。以往看待西医中传如雾里看花，以偏概全，仅从参观宏伟的北京协和医院难以准确判断西医在中国的发展全貌。

　　山东基督教共和大学^①坐落于济南市，是一所著名的医科大学，校长巴慕德（Harold Balme，1878—1953）做过一次关于医学传教工作的演讲，风趣幽默，备受期许。因为它首次披露了关于教会医院科学效果的调查结果，与会代表和其他人为此都做出了很多贡献，仅收集材料、制作表格就花费了一年时间！

　　巴慕德博士的报告资料通过问卷调查而得来，设计问卷就花了很长时间。当这张问卷下发给已经因工作劳累不堪的医学传教士时，犹如斗牛碰到布莱卡，每个人都感到愤怒。但巴慕德博士的问卷不是普通公文，而是设计了许多问题，整整一大张纸，两页内容，涵盖了许多细节问题，无所不包。问卷下发给了在中国300所新教徒教会医院工作的每一位传教士，就连那些虽然被礼称为医院，其实是设立在偏远山区、工作条件十分简陋的医疗卫生站也不例外。问卷上的

① 　山东基督教共和大学，成立于1904年，由潍县广文学堂（齐鲁大学文理院前身）、青州共和神道学堂（齐鲁大学神学科前身）和济南共合医道学堂（齐鲁大学医学院前身）组成。

问题让行医传教士们颇感苦恼，内容如下：

贵院为每位病人提供的空间有多少平方米？

贵院使用何种牌子的细菌恒温箱？

贵院厨房和卫生间安装的纱窗够不够多？

贵院用什么方法对病床用品、床垫进行消毒？

贵院所供饮用水是否纯净？

贵院全院各病房是否已通自来水？

贵院多久给病人洗一次澡？

贵院有无电灯？如何供暖？

……

问卷细致入微又长篇累牍。不出意料的是，第一次问卷调查结果在各个征询方面都没有获得有价值的信息，后续的调查过程才出现了一点点转机。很多时候，收回的问卷样本上没有针对问题作答，只是讽刺性地画着斜线。从这些问卷可以看出，虽然装备精良的中国工厂创造了"科学效率"这一术语，但其作用充其量只是以傲慢的专业姿态给那些无辜的医院扣上了违规的帽子。问卷中，要求写明所在医院名称和地址的除外，针对"贵院是如何取暖的？"这一问题，收到的唯一答复是"利用青岛炙热的空气来为医院供暖"。

还有一些人用尖刻的语言表示，其他地区居然没有比填写调查问卷更重要的工作，他们为此感到咋舌。与之相比，

上海某药店（Kent Crane 绘）

有些名不见经传的医院忙得焦头烂额，没有时间去考虑这些"无关痛痒"的问题。

最终的调查结果是，全中国300所新教徒教会医院中，只有180所医院如实地回答了问卷调查中的问题，为有效问卷。调查结果不仅显示了教会医院的空间分配问题，也凸显了各医院医疗设施配备方面的巨大差异。

例如，问卷中有个问题涉及中国病人自带病床用品的习惯及相关细节。调查问题是："如果贵院发现了这种习惯，请问中国病人通常携带哪些病床用品来住院？"回收的问卷中有一条回答是："大部分中国病人带来的都是跳蚤。"

关于医院自来水的问题还激起了一家医院的愤怒，答复是："我们不需要自来水，当病人听到可以洗澡时，所有人都是迫不及待地跑去洗澡。"

问卷调查结果中的一些重要信息如下：

> 收回的有效问卷中有50%的医院承认，很少甚至从不给病人洗澡。只有8%的医院提供纯净水，6%的医院配备了自来水。34%的医院既没有外国护士，也没有中国护士，病人的护理工作，包括病人的饮食起居，完全靠病人朋友的帮忙，医院根本没办法控制病人的饮食。8%的医院有一名外籍医生或有一名接受过西医训练的中国医生。"西医训练"是指，接受西医常识训练，并非只到国外接受系统的西方

医学培训。（全中国共有26所医学院，其中13所医学院由西方教会创办）80%的医院表示，他们自己无法在病理调查的基础上做外科手术和医药工作。

中国教会医院提供的住院床位大约为每20370人一张床，但其中超过三分之一的医院没有床上用品。除此之外，那些有幸配备床上用品的医院中，半数没有消毒设备，根本无法对病床的麻布床单进行医学处理。根据这些信息，医院其他设备的短缺情况可想而知。

1918年，甘肃省发生了特大地震①，一位传教士来到位于上海的教会总部，替甘肃灾民向总部寻求援助。这场地震中出现了"山体走动"的奇怪现象，有一个村庄被山石完全吞噬了。然而，中国并没有急切地向外国媒体发布这次特大地震的消息。这位传教士也是这次地震的亲历者，了解很多详细情况。地震发生半年后，他第一次抵达上海。而直到两年后，有关这次地震的真实情况才在《国家地理》杂志上首次被报道出来。只有考虑到偏远的甘肃地区的具体情况和该省的一些自然特征，才能了解其中的反常之处。

甘肃毗邻西藏，是中国最荒凉的省份之一，也是中国的第二大省。这里交通不便，人口稀少，地形多山，海拔从

----

① 原文1918年时间有误。1920年12月16日，甘肃发生大地震。此次地震波及长480多公里、宽160多公里。

1500米到3000米不等。因为有商道横穿全省，所以甘肃被称为"丝绸之路"。但是甘肃没有修建铁路，没有运河，道路狭窄，运货车辆无法通行，所以货物要靠骆驼、骡子、驴和人力进行运输。穿越甘肃要花费的时间非常长，几与上海去伦敦的时间相当。

甘肃的常住人口除了汉人，还有来自内蒙古、西藏和新疆的移民。当地居民讲不同的方言，在各种混杂的语言中，作为一名布道者，这位传教士误打误撞地来到了一个偏远村庄。大地震发生的时候，这个村庄恰好不在震中地带。长久以来，他为布道工作所做的种种努力都未能获得成功，因而深感内疚。

一天，这位身心俱疲的传教士发现有个人因事故受伤，躺在垃圾堆中。他检查病人伤势后发现，病人的一条腿被压碎，已经保不住了。传教士认为，眼前这位病人命在旦夕。3年多的工作经验告诉他，这种情况必须截肢，最好的工具就是一把锯子。后来，传教士为病人做了截肢手术。伤者死里逃生，捡回了一条命。

不久后，各种病患接踵而至，传教士简陋的房间成了手术室。在行医的3年时间里，他用水果刀、菜刀和各种锯子开启了一扇与中国百姓的沟通之门。他看病治疗的方法"耸人听闻"。有一次，他为当地唯一的财主看好病后，财主十分感激，赠送他一块房产。传教士将其中一处房子修成医院，其他房子一直闲置着，甚至有一段时间他都想把它们给拆掉。虽然这些房子是别人赠送给他的，但是不便拆掉。后来，大地震发生了，摧毁了所有的房子。

这位传教士的故事犹如一场充满喜剧色彩的独幕剧，他用自己的行动叙述着整个情节，日复一日，直到曲终人散。教会总部的负责人听了他的故事，惊愕不已。总部即刻发出呼吁，希望上海的各个医院为传教士捐赠外科手术医疗器械。几天后，传教士前往教会总部辞行，表示将再次踏上前往甘肃这片荒凉之地的漫漫长途。告别会上，他在会议桌上收到了一只木盒。谈话过程中，有人打开盒盖，邀请传教士看看里面的东西，他看了之后不解其意，随即却恍然大悟，然后一言不发就离开了。他把盒子夹在自己的胳膊下，因为里面的东西太珍贵了，不能交给随从携带。

如果读者觉得我的叙述有点跑题的话，希望你能够耐心听我道来，这样才能理解一些困扰着我的疑虑。我真的很想了解中国这个幅员辽阔、历史悠久的国家及其民族的所有细节。但这两个愿望均受到地理条件和传统习俗的制约，总是让我们的目光偏离先前预设的种种界限。由于东西方文化之间存在差异，这些界限与我们旅行开始之前的计划渐行渐远。

上文的故事只是中国西医发展的一个小小缩影，与大型医院的具体状况有着巨大反差，但是或许能表明西医在中国的总体状况。洛克菲勒基金会在北京捐建的医院①代表了西医在中国取得的最高成就，西医花费了几十年的时间才走到这一步。我们在后文中要介绍一些具有代表性的药店招幌，那些数量众多、默默无闻的招幌会让西方人意识到，中国普罗大众依旧以中医为主要医疗手段。

对于西医在中国的发展状况，人们通常习惯从西方的惯性思维出发来进行认知，因而会出现许多矛盾之处。例如，一件鲜为人知的事情——不论这件事预示着什么样的未来——那就是慈禧太后看到了西医的光明，并在关键时刻给西医中传提供物质方面的支持，那就是这才命名不久的医疗机构——北京协和医学堂②（今北京协和医院）。北京协和医学堂建立在伦敦布道会医疗服务的基础之上，1919年，伦敦布道会代表苏格兰传教士柯多马（Thomas Cochrane，1866—1953）博士主持了隆重的学堂落成典礼。

和许多让人遐想无限的历史人物故事一样，柯多马博士与慈禧太后的故事也十分有趣。那是在义和团运动时期，柯多马博士带着妻儿逃离了位于内蒙古的传教站。经历了数月

---

① 1914年，洛克菲勒基金会派考察团，对中国的社会状况、教育、卫生、医学校、医院进行了细致的考察。3次考察后，洛克菲勒基金会决定，在北京创办一所集教学、临床、科研于一体的高标准医学院，这就是后来的协和医学院。
② 北京协和医学堂于1906年正式落成，有外国教员14人，是当时唯一得到中国政府承认的教会教育机构。

的艰难险阻，在慈禧太后回京前后，这一家三口也抵达了北京，当时他们已到山穷水尽的地步。后来，他发现北京的传教工作一团糟，于是决定尝试着恢复这项工作。而要恢复传教工作，毫无疑问需要大量的传教医师。为了实现这个目标，他租借了一间小鱼铺行医看病、传教布道，但空间很快就显得不够用。随后，他建立了许多其他小型传教点。

一天，柯多马博士被宣召进宫，原来是太后的宠臣大太监李莲英病了，慈禧太后下诏带外国医生进宫看病。有趣的是，柯多马医生被任命为皇宫御医，负责宫内所有太监的健康问题！第一次被宣召进宫看病时，柯多马博士就萌发奇想。后来，他灵机一动，决定做一件冒天下之大不韪的事。柯多马博士认为向慈禧太后申请帮助、重建教会的时机已到，于是决定试一试。然后，他做了一件前所未闻的事情，那就是以私人名义给慈禧修书一封。据说，这是慈禧太后个人唯一一次和外国人通信。

这种事要是出现在以往的任何时期，柯多马博士可能会惹祸上身。但是，慈禧太后从义和团扶清灭洋的过程中得到了很多教训，也长了记性，所以对于柯多马博士来信的回复是赐钱60000英镑以助其业。其实还不止这么多。之后，柯多马博士被多次宣召进宫觐见行医。渐渐地，慈禧太后对伦敦教会表现出了支持态度，表示愿意恢复教会财产，甚至大力支持拆除教堂周边的建筑。

在考察中国药铺招幌之前，还须就中国人心目中中西医的相对关系再赘述数言。接受过西医训练的中国医生和外国医生都认为，病人对于中医疗效的信任破坏了军队和医院推广西医的种种努力。而且，只要有机会得到西药，人们会盲目服用，西药滥用问题随处可见，各教会医疗站的工作任重而道远。

亲家的姑娘病儿沉，

请了个大夫把脉诊。

开了个方儿把药寻，

开的是蚊子胆，

还有那虼虱心，

苍蝇翅膀要半斤。

——中国童谣及《孺子歌图》第十二章

　　近代西学东渐之风伊始，西学理念对中国风俗传统还未形成巨大冲击。随着历史进程的不断发展，西风日趋强劲，冲击日益剧烈，这让中国人深感不安。很快，部分中国人开始学会了遗忘，至少学会了适应，摒弃传统，拥抱西学。但中医仍在中国人的生活中发挥着举足轻重的作用，这并非匪夷所思，因为在中国人眼里，传承中医传统是理所当然的。以我这个外国人的认知来说，西方人对中医的看法不会改变中国公众对于中医的信赖。换言之，家有家规，主人家太太可以安排仆人瞧病开药。仆人需要多买一些常用药膏时，太太也会欣然应允。这种情况在中国许多家庭都很普遍，他们不认可西医的治疗方法，因为许多疾病的确经中医的治疗后奇迹般痊愈了。当然，西医治愈此类病例的案例也不在少数。

在中国悬壶济世的外国医生常常会遇到一些不可思议的事情。一位外国医生在中国某地工作了10年，回到上海后讲了这么一件事：他发现，按照习俗，中国人在天花病患者的床上挂起红帘子，这让他感到十分惊诧。他还发现，滋生疟疾的蚊子在农村地区随处可见，乡村孩子追逐拍打蚊蝇，回到家中，妈妈会按照捕蚊数量奖励孩子。

学堂教育的课程中不包括医学知识，现在的医科学校才会涉及医学知识，这还是从西方借用过来的教学体系。根据中国人的传统，子操祖业，自古如此。所以，一个人当了郎中，唯一的原因就是他父亲或者是爷爷为他选择了从医这条路。在病人眼里，郎中看病的能耐近似于施展仙术，至少在诊断病情时是如此神奇。比如说，郎中不会要求病人为他描述症状。在中国郎中看来，外国医生诊断病情之初就询问病情，会大大削弱病人的信心。中医的诊断方法是，让病人保持安静，郎中用三根手指为病人把脉，然后询问患病情况、叙述患病之处以及各种症状，最关注的是病人数日来的胃口情况，还会询问患病期间的精神状态。如果郎中的诊断不够准确，那只能证明他医术平庸，病人则会另请高明。因为病人觉得，郎中自会把脉问诊，无所不知，无所不晓，无须劳烦病人陈述病情，不然郎中还有何用？

街谈巷议中经常会听到公众对于中医的看法，他们认为，中医只对中国人有效。对这一说法最典型的证明就是一种常见病：沙眼。比如，当家中仆人出现一些沙眼症状时，主人就会让他去诊所看病。到诊所后，仆人会问医生自己得了什么病？面对沙眼这种显而易见的病情，外国的眼科医生不查看症状，反而问道："你哪里不舒服？"而前来就诊的这位中国仆人为医生的提问感到大为不解，暗自思忖："你问我干吗呀？难道你还看不出来我哪里生病了吗？"医患之间的博弈就开始了。但是，病人和西医之间的这种对立情绪在中医那里是不存在的。在中国病人和西医之间的心理较量中，医患双方没有信任，病人的心态太过于保守封闭，西医无法完全理解。

中医的诊费标准大多从2角到1元不等，多半为2角左右，只有医术高明的中医才收取1元的诊费。然而，据说中医最高收费标准已经达到了近乎外国专家的收费了。开具中药方有时需要1角，通常仅需几个铜板。中国的劳工可能是世界上最没有生活保障的群体，生病后不及时返岗复工就没有任何收入，所以，给劳工看病动手术，速度为第一要务。正因如此，根据外国侨民的反映，不管工人患什么病，中医似乎具有快速治愈的疗效。就讲求效率而言，中医和西医机械治疗不相互矛盾。只要翻阅一下中国药典，就能发现里面记载着大量人们熟悉的医学常识，这些内容使得中西医基本理念上的冲突在外行眼里更加扑朔迷离。在人们看来，中西医的本质差别就是方法不同。唐代著名诗人白居易的一首诗，从哲思的高度生动表达了对中医的传统认知，谈到了唐朝时期中国人对于看病养生的一些共识。

思　旧

闲日一思旧，旧游如目前。

再思今何在，零落归下泉。

退之服硫黄，一病讫不痊。

微之炼秋石，未老身溘然。

杜子得丹诀，终日断腥膻。

崔君夸药力，经冬不衣绵。

或疾或暴夭，悉不过中年。

唯予不服食，老命反迟延。

况在少壮时，亦为嗜欲牵。

但耽荤与血，不识汞与铅。

饥来吞热物，渴来饮寒泉。

诗役五藏神，酒汩三丹田。

随日合破坏，至今粗完全。

齿牙未缺落，肢体尚轻便。

已开第七秩，饱食仍安眠。

且进杯中物，其余皆付天。[①]

　　中药的名称五花八门，本书无法悉数引出，此处只介绍一些人们耳熟能详的药物，如川乌、阿魏、洋地黄、樟脑、当归、豆蔻、荜澄茄、血竭（由一种藤制作而成）和贝母等。在中国农村地区，蓖麻豆随处可见，但人们没有用蓖麻榨油的习惯。

　　英国海关的中药清单和谢立三爵士所列的中药清单中提到了220种不同种类的药品，其中189种为蔬菜类，而且均来自同一个地方——四川省。如果中药铺里的入药药物具有象征意义的话，就能从中理解整个中药体系的关键。中药中有如下药材：蜈蚣、蝎子、蚕茧、甲虫、蝉、蟾蜍胆汁、蝙蝠粪便、斑蝥、熊胆、刺猬皮、鹿角和虎骨等。这些动物的不同器官被用来入药，中国人相信，其中有些成分对儿童疾病特别有疗效。在中国，随处可见的莲属植物也常常出现在药材清单上，如莲藕、莲秆、莲叶和莲籽。中药还会用一些矿物质入药，如雄黄、水锌、化石牙、褐云母、朱砂和黏土等。经观察、询问和分析不难发现，中国人显然更相信蜈蚣、蝎子、蟾

---

① 彭定求：《全唐诗》，中州古籍出版社2008年版，第2331页。

蛏和各种动物器官对于疾病的神奇疗效。中医把根茎类草药看作有机物质，人体缺乏这类物质时就会生病。

位于上海的大英皇家亚洲学会中国分会的图书馆书架上，陈列着一些有关中国的古籍珍本，其中一本出版于1800年的书上形象地描绘了当时的中国。该书作者梅森对于中医问诊看病活动的观察记录十分翔实，用法、英双语记录了一系列奇特的中华风俗及其所见所闻。当时，外国人游历中国几乎时刻都缺乏安全感，书中开篇就流露出这种不安。该书的扉页写着：

中华服饰

乔治·亨利·梅森著

皇家102兵团少校

伦敦

奥德庞德大街，W. 米勒出版社

MDCCC

梅森少校在书中这样写道：

在中国，人人都可行医，中国人有许多办法给人看病。比如说把脉，通过把脉来感知身体各个部位的状况。

若有病人暴死，尸体会被抬放到屋外的空地上

162

后用醋擦洗。然后在地面上挖一个长6英尺、宽3英尺、深3英尺的坑，在坑内点起熊熊大火。

人们不断添加柴火，让火坑周围的地面变得像烤箱一样炙热，然后把燃烧未尽的火炭从坑内扒拉出来，浇上大量的酒，上面盖上一个柳条做的床架，再把尸体放在床架上面。然后在尸体上面裹盖一块布，好让尸体均匀受热，2小时后再揭掉裹布。如果死者生前受过暴力伤害，伤势此刻就会完全显现出来。通过这种方式甚至还能检验出死者骨头和肌肉的断裂情况。中医相信，如果死者生前遭受了致命的伤害，但没有明显的骨折或伤口，那么在此检验过程中，伤痕会出现在骨头上。

以上做法并非完全为了彰显世俗的正义，也是因为死者家属有义不容辞的责任为死者报仇雪恨，以安抚亡灵。为使死者投胎转世，须将凶手交由阴曹判官裁决审判。死者的亲属焚烧符咒，谴责谋杀，诅咒凶器，超度亡者转世投胎。

梅森少校的书中有这样一幅插图——一个街头小贩的形象，颇具代表性。小贩肩上扛着一根扁担，一头挑着一个带盖篮子，另一头挑着一个圆形木盘，上面放着大大小小的几个罐子。

作者在文中介绍道：

毒蛇在中医中用来入药，中国人把毒蛇装在篮子里或熬成蛇汤在大街上出售。出售毒蛇的店铺门口都挂有一个长长的牌匾，红色的匾额上用黑色或者镀金的字写着出售物品信息和店铺主人的名字，其中以"货真价实"字样最为常见。有时，流动摊贩也会悬挂同样的幌子。

行文至此，读者对于本书在前文中呈现的各类招幌已经非常熟悉，其中中药铺幌"财兴号""中和堂"等较为常见，而眼科郎中自号"大喜堂"或"半醒堂"。无须赘言，中医铺幌差不多都是刻着字号的牌匾。

药铺

现在，我们继续进行古色古香的药铺招幌之旅，透过这些招幌回溯并透视古老的中华文化。

94号药铺招幌是本章要介绍的第一个招幌。在北京，这种药铺招幌非常常见。从外部特征来看，药铺招幌是最有趣的招幌之一，它在中国人心目中象征着灵丹妙药。

药铺里面有一个隔间，几堆白棉布被裁剪成正方形，整整齐齐地对折堆放着。病人前来购买某种特效膏药时，店主会给他一张白棉布和一块硬邦邦的药膏，这种药膏需要加热后才可敷用。病人回到家后，把药膏加热软化，然后在白布的中间涂抹上几层，用药膏把受伤感染的部位包起来即可。读者从药铺招幌上看到的便是这几样东西。招幌中间的正方形代表着药布，四角展开，敷有药膏，可随时使用。位于药布上、下的两个图案象征着对折起来的药布。这种图形招幌比文字招幌更直观明了，因为文字招幌对于来来往往的大部分普通民众来说毫无意义。

眼药铺

在中国和西方国家，眼科都已发展成为医学专科，95号招幌让我对此深信不疑。眼药铺招幌上，几根红线上用白色画了许多小横线，象征着中式眼药滴管。中医用的眼药滴管由草秆制作而成，有点像西方人用来喝冰镇饮料的吸管。在治疗各种眼疾时，首先医生会给病人一些白色粉末，它可能取自"八宝眼药膏"。眼疾还不见好时，医生会给病人开药方，然后，病人拿着药方去中药铺购买药材。通常，眼疾药方需要贝母来配制。然而在西医看来，对于各种眼疾，尤其是沙眼，贝母同样没什么疗效。在中国，沙眼是一种最为常见的眼疾。中国人似乎认为，眼疾导致眼瞎是不可避免的结果，所以在心理上会接受双目失明。

收生产婆

96号招幌代表着一种专业医师的招幌，那就是收生产婆。中国产婆的地位虽然卑微，但工作却最为忙碌。她们是"长春园"的老主顾了。收生产婆铺的招幌是一种刻字牌匾，表明接生是一个颇有尊严的行业。这个招幌有点像蛇药铺招幌，都是正方形。标准的收生产婆铺招幌一般是长方形，黑底金字。中国人比较重视子孙后代，所以产婆的功用也非常重要。很久以前，产婆被奉若神明，伏虎而坐的产婆图像挂在寺庙中供人敬拜。没有生育子嗣的妇人会去叩拜观音，求子求福。送子观音还会保佑孩童健康成长。

膏药铺

97号膏药铺招幌形似一把鸡毛掸，代表药膏或膏药从植物叶中提炼而来。药草制成的黑色膏药涂在药布中间，就制成了膏药。此类草药还可以制成乳膏，中国老百姓常常把这种药剂涂抹在脸上或者脖子上。膏药往往会被抹在一片纸上，然后贴在太阳穴或者喉咙上，直至自行完全吸收，因风吹或其他原因掉落为止。

槟榔铺

98号招幌或许最缺乏美感，但含义却十分丰富。这个招幌象征了南海、菲律宾群岛、中南半岛和马来群岛居民典型的生活场景。它是槟榔铺招幌，中国人从槟榔果中提取浓缩剂，称作槟榔。槟榔树从东印度群岛和菲律宾传入中国，现在海南和其他地区均有栽培。槟榔树浑身是宝，各个部位均有各种不同的医疗功效。槟榔有助于消化，可以用来治疗霍乱。中国人认为，由槟榔制成的药剂治疗疟疾十分有效，槟榔树皮可以制作成膏药。槟榔铺还出售用来咀嚼的槟榔，因为中国人相信嚼槟榔有益健康。

中国人嚼槟榔的习俗已经有半个多世纪，这在种植槟榔树的地区尤为普遍。槟榔果在中国人的社会风俗中占据特殊地位，这和中南半岛以及其他槟榔原产地国家的人迷恋槟榔的情形相同。槟榔的其他用途在厦门和福州等地至今仍能见到，但嚼槟榔的习俗实际上已经消失，这在后文有关殡葬的风俗中还会进行描述。

槟榔的用途十分广泛。不久前，越南出版发行的一本法语期刊上，有一篇文章描述了这一有趣的现象。作者表示，殖民开拓者未能对中南半岛法属殖民地进行改风易俗，让越南人根除嚼槟榔这一陋习而深表遗憾。越南人把槟榔广泛运用到生活中的各个方面，墙上、室内甚至家具上都有使用。

文章认为，当地人普遍相信槟榔果具有保健作用，尤其在防止牙疼方面更有奇特功效，而殖民者不得不与这种根深蒂固的认识进行斗争。越南老百姓对槟榔引发的疾病全然不知，甚至连那些在安南地区工作的法国医生都认为，槟榔在当地气候条件下是最有益于健康的补品。越南人在嚼槟榔时，会把槟榔叶铺开，先在上面放一层当地产的胡椒，再撒上少量灰浆和一些槟榔果，卷成球状后放入口腔牙龈的位置，然后咀嚼。嚼槟榔的第一个效果是会让口腔和牙龈变红，好像充了血一样，继而口腔和牙龈表面变成黑色，口唇发麻。这相当于给牙齿上了一层防腐剂，这也是当地人感觉不到牙疼的原因。

关于槟榔的名字，中文名称和马来语名称有些许不同，马来语称作"Pinang"，而中文称为"槟榔"，按照谐音可能是"宾郎"，意思是尊贵的客人。有人认为，"宾郎"是正确的，因为在越南人的风俗习惯中，最重要的一条就是必须要给宾客赠献一盒槟榔，甚至要先敬槟榔，再敬茶。哪怕是偶然敲门过路的访客，主人也会以槟榔相赠。法国殖民者要改变越南人的这一风俗谈何容易。在中国南方，人们拌嘴吵架后，会以槟榔当作和解的礼品，双方通常给对方赠送一包槟榔，另一方则必须接受。

药酒铺

99号药酒铺招幌中再一次出现了红葫芦，这和酒有关。

但此处的酒葫芦被切成两半，中间缠着一条绿色的带子。用酒做药方药引，这是中国白酒的另一功能。因此，医药功能应该是酒的特殊功能。一些所谓的特制药酒由不同的芳草香药酿制而成，大部分酵酿酒常常会用于医用，酒的这种实用功能对酿酒业影响深远。由相关数据可得知，几年内从周边各个地区经过广东海关进入广东的酒水多达800吨，既有发酵酒，也有蒸馏酒，其中近半数的酒水报关时被列为药用酒。大部分的药铺都配备有蒸馏器，药铺提供的药酒经过了二次蒸馏，比普通酒水更为浓郁，酿制药酒过程中，不设定酒精度数。

中国人把人参看作生命之根，认为它的功能犹如西方人眼中的猴腺鸡尾酒和其他最新发现的补品。他们把人参浸泡在烧酒里，通过酒析出人参中的精华，服用后达到永葆青春的效果。这种做法以及古人对金石玉粉和圣泉仙水的迷恋观念，体现了中国人对长生不老的不懈追求。

在中国，无论是商人、诗人、哲学家还是僧侣，矢志不渝的最高追求就是长生不老。中国东北各省和西伯利亚地区的猎户在森林中不经意间发现了人参这个生命之根以后，激发了人们对长生不老的祈望。人们像掘金者一样，带着各种神秘的传奇故事，怀揣顽强的毅力，聚集在一起，到森林中搜寻人参的踪迹，在大大小小的树木根茎中东寻西找，期待那状似人形的参根出现在眼前。挖参人挖到人参后就会停止搜寻，他相信，适可而止才能让头顶三尺之上的神灵保佑自己安全回到营地，因为经常会搭上三四个人的性命，才能带回一颗人参。挖到人参后，挖参人会立刻收拾行囊，返乡回家，成为有钱人。如果头脑灵光又有勇气的话，挖参人可能会带着宝贝来到上海碰碰财运。因为人参在大城市会卖到一个好价格，能大赚一笔。尤其是把人参装在玻璃盒子中，里面垫衬一些天鹅绒，经过包装后，它会更显珍奇，备受关注。

No. 37.
The Silver Shop.

No. 38.
Cheap Jewelry.

No. 39.
Scented Oil.

首飾樓幌子

假首飾幌子

香油舖幌子

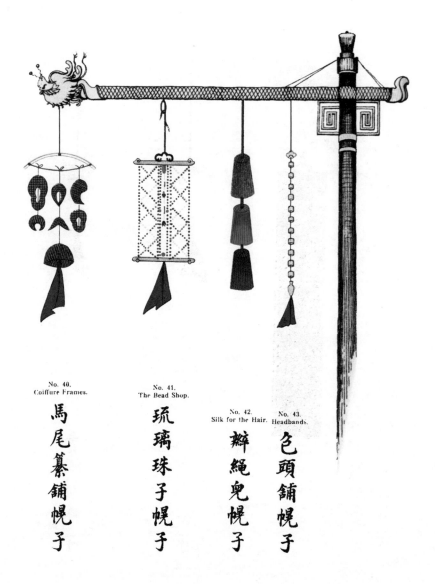

No. 40.
Coiffure Frames.

No. 41.
The Bead Shop.

No. 42.
Silk for the Hair.

No. 43.
Headbands.

馬尾纂鋪幌子　　琉璃珠子幌子　　辮繩兜幌子　　兒頭鋪幌子

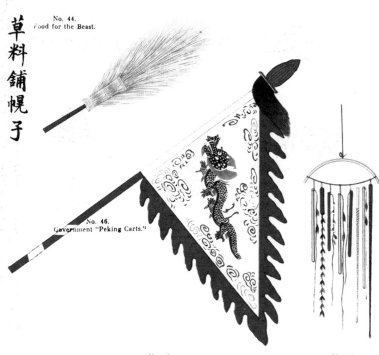

No. 44.
Food for the Beast.

草料鋪幌子

No. 46.
Government "Peking Carts."

No. 47.
Crops and Whips.

皮鞭子鋪幌子

No. 45.
The Saddlemaker.

鞍韂鋪幌子

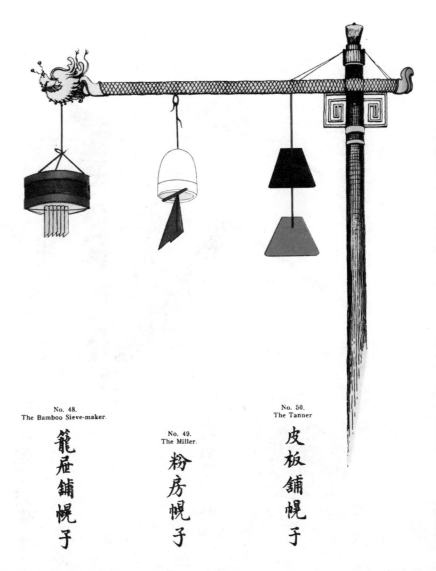

No. 48.
The Bamboo Sieve-maker.

No. 49.
The Miller.

No. 50.
The Tanner

籠屉鋪幌子

粉房幌子

皮板鋪幌子

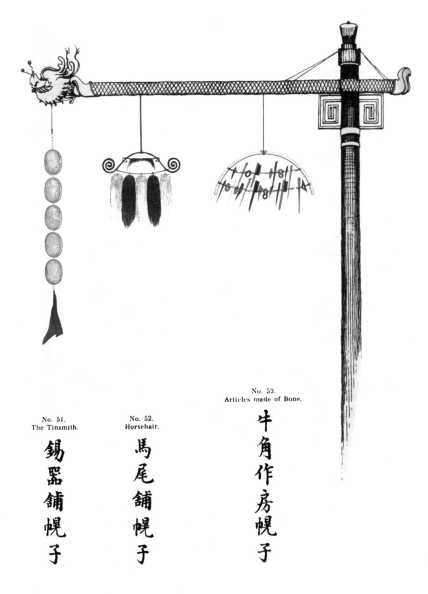

No. 51.
The Tinsmith.

錫器舖幌子

No. 52.
Horsehair.

馬尾舖幌子

No. 53.
Articles made of Bone.

牛角作房幌子

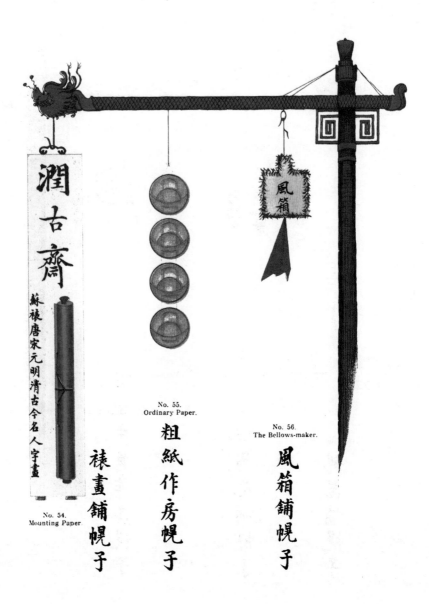

潤古齋

蘇裱唐宋元明清古今名人字畫

No. 54.
Mounting Paper.

裱畫舖幌子

No. 55.
Ordinary Paper.

粗紙作房幌子

風箱

No. 56.
The Bellows-maker.

風箱舖幌子

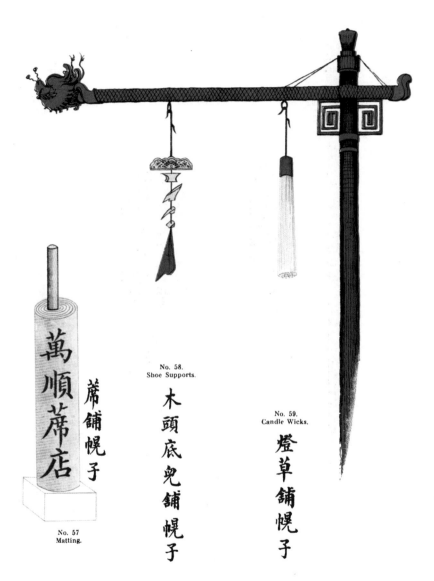

萬順蓆店

蓆舖幌子

No. 57
Matting.

木頭底兒舖幌子

No. 58.
Shoe Supports.

燈草舖幌子

No. 59.
Candle Wicks.

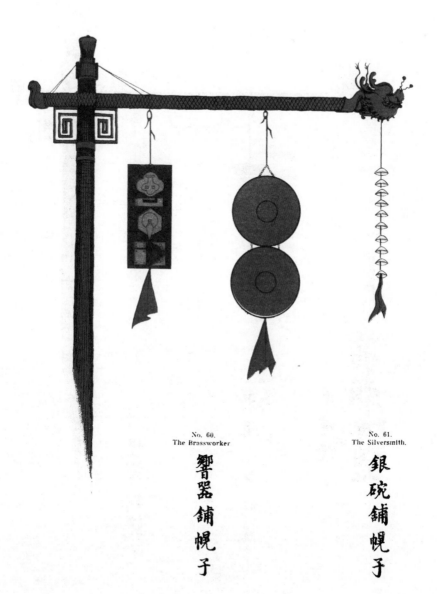

No. 60.
The Brassworker

響器舖幌子

No. 61.
The Silversmith.

銀碗舖幌子

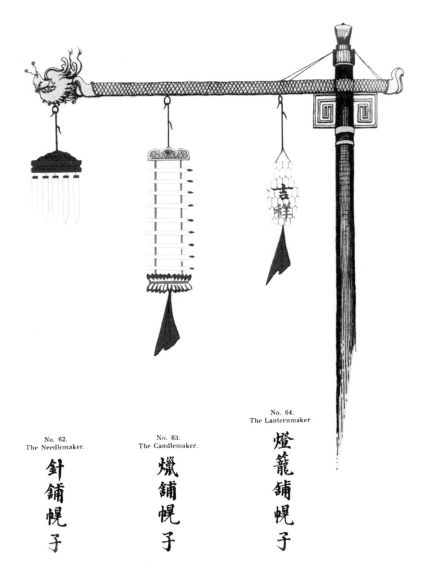

No. 62.
The Needlemaker.

針鋪幌子

No. 63.
The Candlemaker.

燭鋪幌子

No. 64.
The Lanternmaker.

燈籠鋪幌子

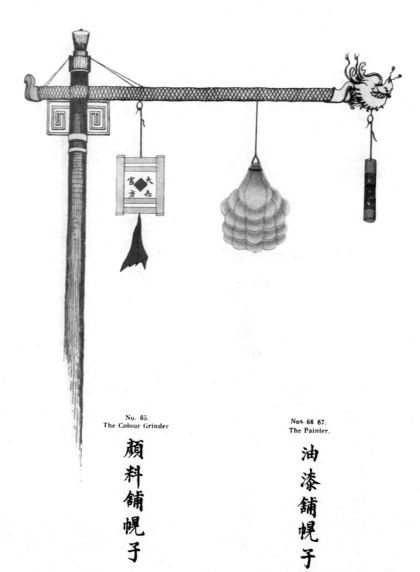

No. 65.
The Colour Grinder.

Nos. 66 67.
The Painter.

顏料舖幌子

油漆舖幌子

No. 68.
The Pawnshop

當鋪幌子

No. 69
The Exchange Shop.

錢鋪幌子

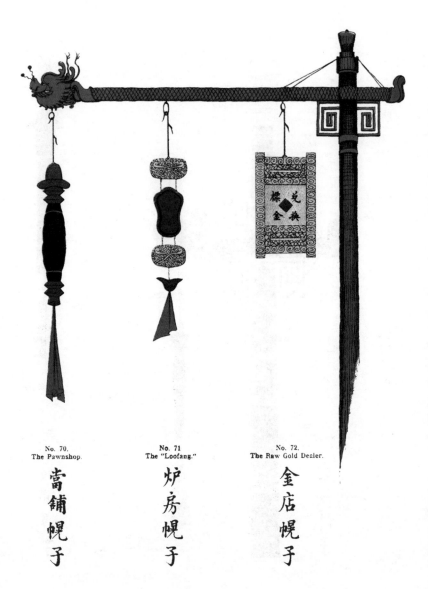

No. 70.
The Pawnshop.

No. 71
The "Loofang."

No. 72.
The Raw Gold Dealer.

當舖幌子

炉房幌子

金店幌子

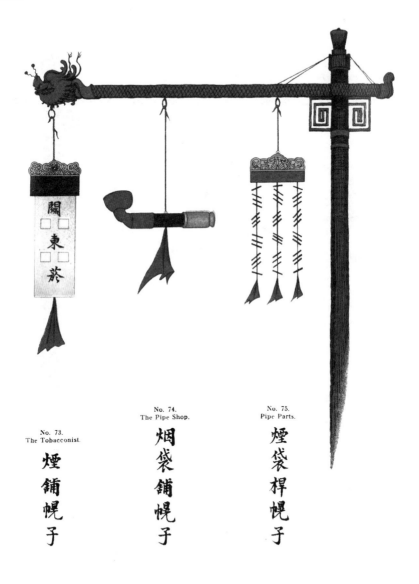

No. 73.
The Tobacconist.

煙鋪幌子

No. 74.
The Pipe Shop.

烟袋鋪幌子

No. 75.
Pipe Parts.

煙袋桿幌子

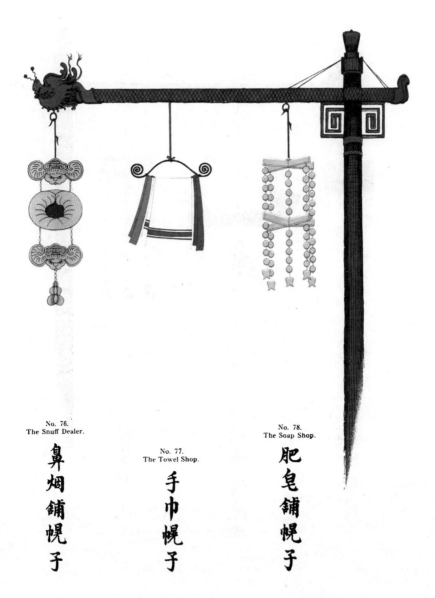

No. 76.
The Snuff Dealer.

No. 77.
The Towel Shop.

No. 78.
The Soap Shop.

鼻烟鋪幌子

手巾幌子

肥皂鋪幌子

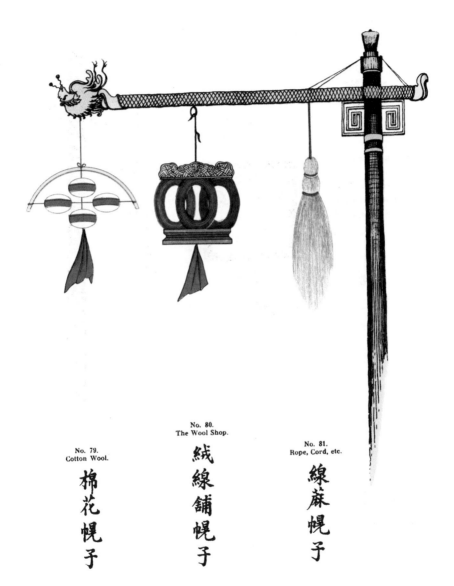

No. 80.
The Wool Shop.

No. 79.
Cotton Wool.

No. 81.
Rope, Cord, etc.

棉花幌子

絨線舖幌子

線蔴幌子

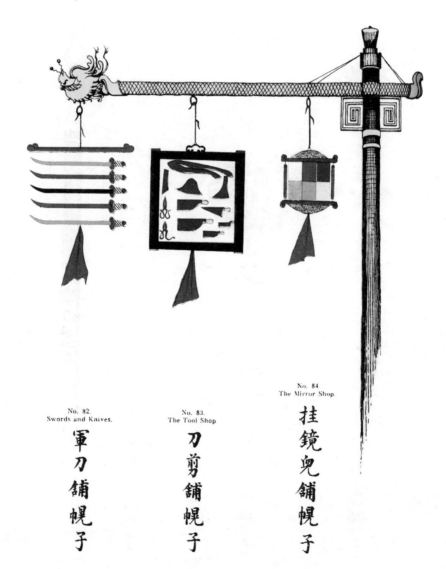

No. 82.
Swords and Knives.

軍刀舖幌子

No. 83.
The Tool Shop

刀剪舖幌子

No. 84
The Mirror Shop.

挂鏡兜舖幌子

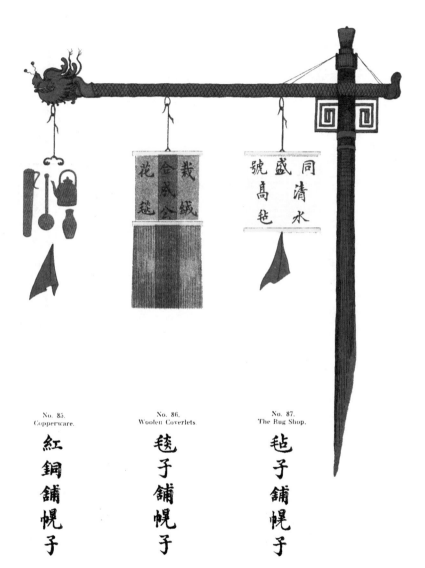

No. 85.
Copperware.

No. 86.
Woolen Coverlets.

No. 87.
The Rug Shop.

紅銅舖幌子

毯子舖幌子

毡子舖幌子

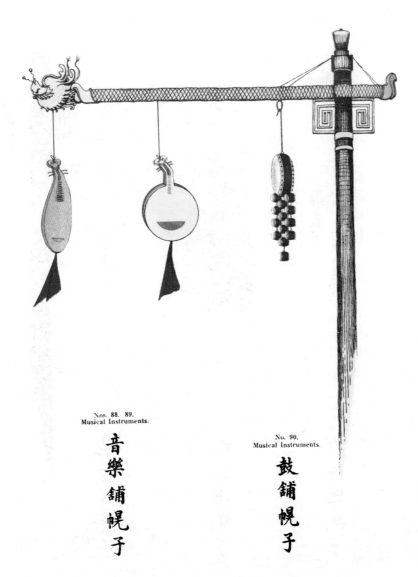

Nos. 88. 89.
Musical Instruments.

音樂舖幌子

No. 90.
Musical Instruments.

鼓舖幌子

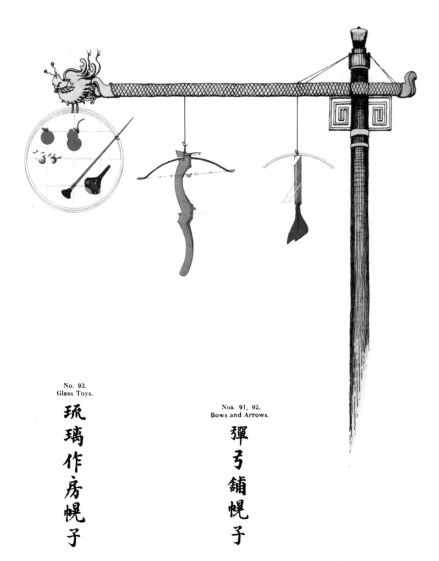

No. 93.
Glass Toys.

琉璃作房幌子

Nos. 91, 92.
Bows and Arrows.

彈弓舖幌子

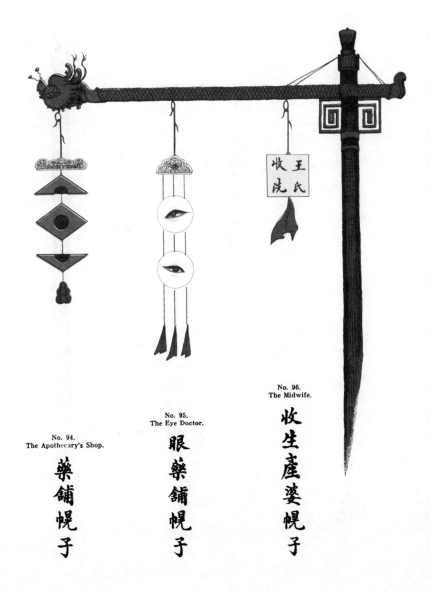

No. 96.
The Midwife.

收生產婆幌子

No. 95.
The Eye Doctor.

眼藥舖幌子

No. 94.
The Apothecary's Shop.

藥舖幌子

篇七　殡仪丧葬

第十二章 谢世治丧

青青陵上柏，磊磊涧中石。

人生天地间，忽如远行客。

斗酒相娱乐，聊厚不为薄。

驱车策驽马，游戏宛与洛。

——枚乘《古诗十九首》

中国诗歌富含哲理，姿态超然，词句优雅，意境高远，很少直接表露对生死的真实态度。审视中国老百姓的认知水平，不难发现，人们的普遍观念与诗人、哲学家所表达的含蓄与幽怨相去甚远，这一点从文献资料中可见一斑。不论是枚乘时代的古人还是20世纪20年代的今人，存在这种矛盾的原因不言而喻。中国老百姓的教育程度偏低，士族阶层与普通百姓之间存在隔阂，普罗大众的思想中会不会具备那些抽象思维、推理逻辑和思想情操，着实让人怀疑。对于普通百姓而言，人的一生就是活在天地之间，需要严格遵守生命的存在形式。老百姓对古代习俗或宗教规定的仪式尤感兴趣，通过各类仪式来履行自己对列祖列宗的忠孝义务。从普通百姓的角度来看，鸿儒大贤之要务就是传承历朝历代繁杂的仪式程序。

不过，我不准备搜罗那些蕴含了哀思愁苦的古代谚语。有趣的是，我倒是发现，中国人把死亡解释为灵魂的快乐解脱，这是妇孺皆知的真理，为人们所普遍接受。然而，很多殡葬仪式却明显表现出一种全然不同的信念。

有句古老的谚语：人活百年，终得一死，早死早解脱。这种说法表达了对长命百岁的不屑，忽略了生命与肉体的关系。中国人关心、尊重死者及其安息之地，是因为他们相信，丧葬仪式会在很大程度上影响亡灵在冥界的命运。如果不重视丧葬仪式和死者的安息之地，那么亡灵无法从永久的折磨中得到解脱。以下两句表达了与此相同的观念：

浮生若春梦，
魂去皆成空。

魂去之时也有重要之事，那就是在弥留之际，魂魄犹豫不定是否要回归体内。中国人在世俗生活中静下心来对生死进行哲学反思，由此让人们有了这样的认识：生命如同风中残烛，瓦上白霜。因为"人生本是同林鸟，大限来时各自飞"，"青铜木鱼谁长久，世人谁又知？"

少数谚语与中国祖先崇拜的社会宗法体系格格不入，显得十分奇怪："雁过留声，人过留名。"这种说法显然忽视了对于列祖列宗的敬畏崇拜，寺院里的供奉祭祀都有祖先崇拜的影子。

这一句谚语显得大胆又富有革命性："莫为人故而消沉。"字面意思可理解为：死者自有亡灵顾，生者只需忧活人。

中国历史上确有一段时间，世风日下，不敬祖先，罔顾因果报应。如果真正了解中国人的孝道，就会明白，不论父母亲人生前死后，都要尽孝。

虽然诗歌和谚语塑造出一种对死亡无可奈何的超然态度，但世界上恐怕没有几个国家的人像中国人那样害怕把生命变故称作"死亡"的了。在中国，"死"这个字是不能轻易说出口的，这有点像印度迷信中的"恶目伤人"。印度人相信，一句赞扬有可能让"伤人恶目"给孩子带来危险。在中国人的观念中，所有的不吉利都和死亡息息相关。不吉利的言辞、父母或朋友的去世都会带来种种不祥征兆，所以，人们想方设法保护那些参加送葬仪式的人，这一点在后文中还会详细讲到。人们把弥留之际唤到跟前聆听遗言称作"送终"或"还天债"，老人去世时尤为如此。还有一个说法，如果死者是男性，则称"他已驾鹤西游"；如果死者是女性，则会说"她已香消玉殒"。这些说法似乎更能体现中国人对死亡的看法。据此，人们表达对死者的敬意，这些敬意绵延到直系亲属之外的年长逝者，体现了中国人对长寿观根深蒂固的认可和传承。周朝初期，老年人就享有权威，身负要责。李文彬说："当时老年人在村子里高高在上，如同君王，在家族里被敬为族长。"

在表达死亡的许多措辞中，有一个"寿"字。"寿"字是一个礼貌用语，最为广泛的含义是长寿。它是一个表意文字，有各种各样的不同含义，在英汉对照类词典中，它有近50种定义，其中一半含义均和生日庆典息息相关，其余的定义和死亡相关，其中有三四条释义与象征幸福的牡丹相关。询问一个人的年龄时，正确又不失优雅的表达方法便是用到"寿"字。中国人最喜欢问别人的年龄，并非有意而为，只是出于礼节。询问年龄时，问者似乎有一种奇怪的欲望，希望对方承认自己的年龄要比问者预想得更加年长。如此看来，询问年龄实则提供了一种微妙的恭维机会。就像西方人会以还未获得的头衔来称呼某位军官一样，中国人询问年龄时，常会假装被询问者的年龄已经超过了他的估计，以示恭维。

寿衣铺

在"寿"字的各种组合中，有一个词组用来表示棺材，这种用木板做成的殓尸木棺被人们称作"寿材"。另一个含有"寿"字的词组就是"寿衣"，即下葬时给死者穿的衣服，如102号招幌。寿衣招幌用木头做成，官靴模样。

寿衣招幌的制作工艺稍显粗糙，无法与招幌上的"寿衣铺"三个鎏金大字相媲美。北京的寿衣铺数量众多，甚至超过了药铺。形似官靴的招幌只不过是一个象符，店铺内其实存放着各式各样的寿衣。清政府统治时期，丧葬用品形式多样，功用各异，对此本书后文还会专门描述。

长辈罹患不治之症或命悬一线之际，长子忍受着即将丧失亲人的悲痛心情，来到寿衣铺为其置办后事用品。通常来说，选择办理后事用品的时间非常重要，因为置办太早会被视为大不敬。家人必须要向将逝之人隐瞒去寿衣铺置办后事用品的消息，直到关键时刻，才把寿衣带回住所。但如果老人临终时没有病痛，安详平静，做法又有不同。在中国老年人眼里，满堂儿孙承欢膝下，家族香火绵延不断，实乃一件幸事。当某位耄耋老人被子孙围拢绕膝的时候，他会觉得自己已经战胜了死亡，不会为一天天走向坟墓而感到害怕。为了实现儿孙满堂、家族香火旺盛的人生理想，政府在制度上允许续弦纳妾，自有其现实价值。

清朝时期，若家中亲人命在旦夕，大概只有富裕阶层的人会来寿衣铺置办丧葬用品。而时下共和时期，越来越多的普通人家也会去寿衣铺购买丧葬用品。告别人世之前，老人早已为自己准备好了外穿的长袍。深蓝色寿衣极受重视，长袍上面用金丝线绣着许多"寿"字标志。恪守孝道的子女在老人去世前几年就送来了寿衣，老人在生日庆典活动中会兴高采烈地试穿寿衣，并以此为荣。亲朋好友、故人相知也会祝贺老人好福气。在中国文化中，六十年为甲子纪年的一个周期，所以六十大寿是一个具有特殊意义的喜庆日子，从某种意义上来讲，这和西方观念中的百年纪念相当。自古至今，妇女去世下葬时要穿婚服，夫妻在结婚当天和第二天穿过的专用内衣要存放起来，等到谢世时再次穿戴。

拥有官阶的子孙去见列祖列宗时，为了表达对祖先的敬意，会穿着官服，就像平日在衙门时的穿着打扮。当官的儿子尽可能为家族门庭弥补某种心理上的缺憾。官服代表着官威和尊严，可以为祖先赢得在世时未曾享有的世俗尊严，同时可以让祖先在另一个世界倍感荣耀。子孙恪守孝道，全心尽孝，列祖列宗的亡灵在九泉之下就会保佑子孙后代飞黄腾达，特别是代表了中国人世俗幸福的人生理想——官运亨通。许多西方人收集的中国家谱画像上，华丽的服饰和人物憨厚的长相之间极不协调，正好是对这种特殊风俗习惯的形象解释。挂在家里的家谱画像上，从帽子、朝珠和袍服前面的刺绣图案就能分辨出画像中的祖先是一品、二品、三品，还是其他级别的官员。

影像铺

101号招幌看起来像一张肖像画，这其实是一个镶了边框的半身遗像，通常出现在葬礼上。遗像一般会挂在室内显眼的位置，后面挂上白布，半遮相框。遗像前摆放一张供桌，桌上摆着铜火盆、蜡烛和香，地上铺着草席。死者的亲朋好友就在此处对死者跪拜揖别。之后，遗像会用轿子抬着，随着送葬队伍一起出殡。对此后文将有描述。在影像铺的招幌画像中，我们看到的是清代官员，头戴一品官帽，花翎从帽子后面垂下来，帽子上饰有顶戴，如33号招幌图像所示。制作影像铺招幌的画师显然对这种"肖像"胸有成竹，所有细节一应俱全，唯独面庞处留下空白。死者即便已经气若游丝，也不能被画上脸相，只有等他去世后才能补画，这是一种传统的迷信观念。画师给逝者画像，犹如创作。因为中国人认为，画像只有惟妙惟肖，画技才算技高一筹。影像铺画师将画像面部予以留白可能还有另一种考虑。清政府统治时期，常有人给死者出资捐官，捐者可以从影像铺存放的众多画像中选购适合自己捐官等级的画像。毋庸置疑，在20世纪20年代的今天，画师绘制的逝者装束跟影像铺招幌所展示的已相去甚远了。

在中国，大户人家都藏有家族祖先的画像，但新近谢世的长者画像要等到葬礼结束后才能被补充收藏。丧礼期间，无论是宽敞的室内灵堂，还是院内临时搭建的简易灵棚，逝者照片悬挂其中，并饰以白布幕帘。

从清代到民国，社会剧烈变化，但还未影响民间长期形成的丧葬习俗，偏远乡村尤其如此。按照老派习俗，出嫁的女子——大多数女子就属此列——谢世后自然身披绣袍，面见列祖列宗。20世纪20年代的今天，男性逝者是否还会身穿绣袍面见逝去的列祖列宗就不得而知了。用婚服做寿衣似乎别无他意，只是为了节省和方便。时至当下，许多老人都沿袭了这一习俗，但也有人更加偏爱清代的遗物。

无论怎样，影像铺店主和画师都无意修改铺幌以迎合时势变化。有一苦力不幸病故，其子已长大成人，开始发达，他被装殓时，全身着素色缎袍、黑色外套，头戴无檐缎帽，脚蹬时尚摩登鞋。多数情况下，长袍寿衣需要手工缝制，费时费工，成本不菲。即使不再有人穿长筒官靴，又有何干？只要看看商铺招幌上的"寿衣"二字，一切都不言自明。

冥衣铺

100号招幌是冥衣铺的招幌。冥衣铺里出售各类冥衣、冥轿、冥屋、冥箱、冥币和死者在阴间所需的生活物品。只需把这些物品予以焚烧，它们就能被送达阴间。北京人出殡送葬的时候特别注重丧葬祭品，许多读者应该比较熟悉。但在中国其他地区，这些风俗习惯不尽相同，对此后文在介绍中国南方的送葬习俗时还会论及。

冥衣铺的招幌上写着"裱糊顶隔"四个字，说明店铺匠人也从事墙纸裱糊工作。"裱糊"一词在中国并非指裱墙糊纸。中国的墙纸不是成卷而是成张生产的，每一张墙纸大约有2英尺宽、4英尺长，横铺贴用。冥衣铺招幌将红色作为底色，店铺所售物品多为死者谢世用品。

红色是幸福的象征。生日贺卡和新年贺卡，新郎、新娘婚礼仪式上的服饰装扮、婚庆物品，等等，都是红色。红色代表着中国思想体系的主体脉流。在中国人的观念中，红色除了具有辟邪的功用之外，还象征着圆满和美满。所以在人之初生、成家立业和谢世辞别等不同场合，人们都会用红色来凸显它的特别意义。

即便是在20世纪20年代的现代婚礼中，红色的运用情况也十分有趣。根据中国传统习俗，古代婚庆仪式中的繁文缛节让婚礼仪式显得十分优雅，但现在年轻人对传统的批判和否定却日趋激烈。即便如此，婚礼仍然将红色作为婚庆底色，以昭示明媒正娶的传统。在场宾客都知道，新式婚庆是新人的选择，而非承父母之命，顺媒妁之言。年轻人的新式婚礼中，汽车取代了迎娶新娘的花轿，但婚车的外观和内饰都要求装扮上婚庆仪式需要的红色。以往行礼时的磕头习俗被渐渐淘汰，代之以鞠躬致礼，而且鞠躬次数越来越少。因为磕头行礼敬拜祖先的习俗源远流长，早于使用轿子，现在，没有烦琐的程序，新人也不像旧式婚礼中那样备受痛苦和折磨了。

当然，这种新式婚礼刚刚开始流行，还没有全面普及。即便如此，以目前的情势来看，具有现代特色的诸多潮流似乎并不是什么好兆头，不一定会有益于传统。年轻人喜欢更好的事物，但正是"传统"这个词刺激着他们的叛逆情绪。人们不由得扪心自问：这个时代会变成什么样子？难道祖先崇拜、对亡故父母的孝道和磕头一样都变得毫无意义了吗？这些传统成为新文化进步的障碍了吗？当然，无论新事折射了西方的什么新理念，到目前为止，其与旧事从外在方面没有多大的区别。

尽管这些新思想对宗法制度造成了冲击，但宗法制度下的国家政府自有一种强大的力量，即便在诸侯割据的乱世年间，也能在各宗族领袖的治理下让国家继续运行，社会结构依然稳定。要让中国人抛弃祖先崇拜的传统，几乎没有可能。因为从中华文明伊始，中国人就重视孝道和对死者的敬意。儒家文化尤其强调孝道和祖先崇拜，在佛教出现之前，儒家思想中的孝道是中国百姓普遍接受的精神传统。以前，敬天是天子拥有的特权，大臣官员只能祭拜等级较低的其他诸神。"古汉语中没有专门针对宗教的词汇，中国人的脑海中也没有教会或者寺院的概念。"一直到公元5世纪左右，佛教自印度传入中国并普及开来，于是中国人建造了许多寺院、佛塔和庙宇，具有浓郁佛教色彩的丧葬仪式由此而始。

中国现代主义者发起各种运动，也并非针对孝道文化发起攻击。如今新旧混杂，古今并存，难以下定论。当下的学生运动主要针对的是当权者和基督教，据说这源自苏维埃主义的思想宣传，但可能与整个国家民族情感的沉淀和近来佛教的快速发展不无关系。佛教的传播使国家生活的基础更加稳固。早期，人们修订传译了释迦牟尼抽象的教义，根据修订后的格律戒言形成了中国佛教教义。常言道：百善孝为先。孝道被中国人列于一切美德之首，高于社会行为、礼仪行为和宗教行为。孝道是通往天堂之门，西方人讲的天国，正如中国人心目中的升天。恪守孝道之人会获得上天的恩赐和回报。阿弥陀佛在中国佛教徒心目中地位崇高，在昏暗时代，他成为一名强大的君主后终于成佛。阿弥陀佛说："设我得佛，十方众生，至心信乐，欲生我国，乃至十念，若不生者，不取正觉。唯除五逆，诽谤正法。"（引自《佛说无量寿经》）

犯下"五逆"之罪，要被逐出天堂。这五条罪行依次为：杀母、杀父、杀阿罗汉、出佛身血、破和合僧。

在中国佛教徒心目中，西天是极乐世界，正如著名的"净土莲宗"阐释的那样："自地以上至于虚空。宫殿楼观池流华树，国土所有一切万物，皆以无量杂宝百千种香而共合成。严饰奇妙，超诸人天。其香薰十方世界。菩萨闻着，皆修佛行。若不如是，不取正觉。"（引自《佛说无量寿经》）

众生生于净土，净土之上，人、神之间没有差别，共享金色真身，没有死亡，不入地狱，没有污秽之物。所有人的体内都蕴含着如钻石、雷霆般巨大的力量，具有最高的法力和自我控制能力。他们轮回转世得到重生，对前世拥有记忆。他们拥有神耳和神眼，敏于洞悉他人内心。

佛教的这一教义来自摩诃那的"信仰救世说"。1917年出版的库寿龄《中华百科全书》（*Encyclopoedia Sinica*）对此解释道："无论对错与否，应当与罗马天主教最为相同。有其炼狱、有慈悲女神、有精细的轮回体系从痛苦中搭救亡灵，通过神职人员与神佛的沟通帮助人走出悲惨的命运，并让人们获得通往西天净土的大道。"佛教和罗马天主教一样，也有圣人和宗教集会。

在对信仰救世说极其宽泛的解释中，惩戒并非没有尽头。任何时候（哪怕弥留之际），只需口念阿弥陀佛的名字，就会减轻罪过。因此，置身寺院，常会听到阿弥陀佛声不绝于耳。香客通常会拿到分发下来的纸符，上面印满了小圆圈，每一个小圆圈内填写上阿弥陀佛的名字。然后，这些纸张会被善男信女细心保存起来，一直到本人去世走向极乐世界时，随同其他丧葬纸一同烧掉。通过这种方式，负责记录的诸神在死者到达极乐世界的时候能认识死者，根据死者的修行安排其各归其位。

诸神会把亡灵按照修行的深浅分成九个等级。灵魂首先要来到一个中间过渡世界——七宝池，每座寺庙里通常都有莲花圣池的模型。七宝池内莲花盛开，犹如点点繁星，从平静的水面上探出头来。在亡灵祈祷阿弥陀佛的过程中，临时寄居着亡灵的莲花会在其他盛开的莲花中探头而出。若亡灵生前十分虔诚，莲朵会谦卑地垂下头来。七宝池里的莲花只会按照它所寄托的亡灵的诚信而绽放。莲花具有的象征意义，正如释迦牟尼所言："莲花生于水中、长在水中、伸出水上，而不着于水。如来生于人间、长于人间、出于人间，而不执着于人间之法。"（引自《阿含经》）

在前往七宝池的途中，善良的神灵得悉有新的亡灵前来，会保护它不受邪魔侵扰，带它来到七宝池。除此之外，亡灵留在尘世的孝子和亲人通过供奉祭品，进一步祈求对亡灵的庇佑。如此，亡灵就被带进了莲花心蕊，安息在七宝池平静的水面上，等待着化生。要等到七宝池内莲花盛开，或许得万古之年才可以。尤其是对于那些犯了"五逆"之罪的亡灵而言，更是遥遥无期，但他们也可以通过口念阿弥陀佛和十念称名来到七宝池。

庄士敦[①]在《佛教中国》（*Buddhist China*）一书中写道："孝子孝孙亡灵等级较高，去世之后会立刻进入西方极乐世界，因为自他在七宝池中获得重生之时，他的莲花就会盛开，还能见到形象完美的阿弥陀佛和其他众菩萨。而等级较低的亡灵也会很快被带到七宝池，但他的莲花不会即刻绽放，待到莲花绽放之时，才会沐浴到来自阿弥陀佛的光芒。……对于那些被囚禁在莲花花苞中的灵魂而言，莲花是没有痛苦的炼狱，他们是在天上，却非在天堂。"

---

① 庄士敦（Reginald Fleming Johnston，1874—1938），原名雷金纳德·弗莱明·约翰斯顿，清朝末代皇帝宣统的英文老师，字志道。著有《儒家与近代中国》《佛教中国》《紫禁城的黄昏》等书。

第十三章

装裹成殓

古人不见今时月，

今月曾经照古人。

——李白《把酒问月·故人贾淳令予问之》

　　回溯中华文明悠久的历史，感悟传统赋予文明的非凡力量，犹如打开一张巨幅画卷。华夏先民讨谟定命，远犹辰告，孕育了中华民族古老的文明模式。有关风俗古礼的书籍流传至今，经年久远，记载了上古时期早已确定的礼节规制。关于礼节规制，有三本古籍最为著名，即三部礼书[①]——《仪礼》《周礼》和《礼记》，它们至少可以追溯到夏、商、周三代时期。三部礼书还可以追溯到更为久远的《礼》。《礼》的起源，大概可追溯到2000多年前的黄河文明。自那时起，华夏先民就已经开始尝试制定社会组织形式，划分百姓的范围，主要部落族裔受到刑的管制，异族居民则受到礼的教化。李文彬解释《礼》时说："《礼》就是教导人们为可为之事，而《刑》则是告诉人们不为不可为之事。"自周朝以降，孔子强调并推崇教育之于刑罚的优越性，并坚信，对民众有必要进行适当的教育。然而后来，《礼》则以不同形式延续了其在华夏文明中的统治地位，一直到满族入关建立清朝后，满族文化中的规制体系取代了《礼》规定的传统。公元67年，佛教传入中国，自此对中国的丧葬习俗产生了巨大影响。直到公元5世纪，中国人的丧葬习俗逐渐形成并流传下来，这正是本章关注的内容。

根据记载，古时《礼》所规定的礼节规制不是专门为普通百姓定制的，但对整个社会习俗却产生了影响。此外，在中国，不同社会阶层之间很难有明确的分界线。例如，在清政府统治时期，名门望族会因子嗣后代的不断变迁而家道

---

① 儒家经典《周礼》《仪礼》《礼记》的合称，记录、保存了许多周代的礼仪，其中，《周礼》偏重政治制度，《仪礼》偏重行为规范，而《礼记》则偏重对具体礼仪的解释和论述。由这"三礼"所涉及的各种礼制的总和，也就是"礼"的主要内容。"三礼"是中国古代政治制度的三部儒家经典，也是中国古代礼仪制度的蓝本和百科全书。

衰落，后代沦为普通百姓，从王子王孙、封疆大吏到达官显贵，莫不如此。满族入主中原并未对传承千年之久的中国宗法制度产生影响，也没有改变传统的科举考试制度，反而理智地将其保存了下来，寒门子弟通过科举制度考取功名，跻身富贵人家。家庭宗法制中有一条不成文的家规，整个家族要为其所挑选的某位成员做出牺牲，供他读书求取功名。而求取功名的读书人，也有志于学而优则仕的人生追求。家族中有人若学业高中，考取功名，飞黄腾达，将惠及整个家族。在中国诗人和哲学家不计其数的自传中，均能看到学而优则仕的人生轨迹，正如前文提到的诗人白居易，他的自传中就有类似的记录。

为全面了解中国丧葬习俗，我们有必要仔细考察整个丧葬过程中的礼规。历史环境的不断变迁使老百姓无法严格恪守旧式礼规，而这些礼规本身也在应时而变。置身官场之外的有钱人不受官方规制的约束，可以通过买官捐官，博取皇恩，祭祀祖宗。

如果读者想深度了解中国的丧葬礼规，我们特别推荐荷兰汉学家高延①博士的著作《中国的宗教系统及其古代形式、变迁、历史及现状》（*The Religious Systems of China, the Ancient Forms, Evolution, History, and Present*

---

① 高延（Jan Jakob Maria de Groot，1854—1921），荷兰莱顿大学汉学教授，荷兰籍汉学家、进化论人类学家。

Aspect Manners, *Customs and Social Institutions Connected Therewith*) [①]，这本书可以说是关于中国宗教制度最生动、最全面的文献。该书出版于1892年，描述了当时中国社会的各种礼仪程序。当年的礼仪和今日西方游客在中国体验到的礼仪程序一样，因为中国人的丧葬习俗建立在宗教信仰的基础之上，故而一直都独立于政治变迁而存在。

本书后面章节的大部分素材节选自《中国的宗教系统及其古代形式、变迁、历史及现状》这部极有价值的文献。书中记载了盛行于中国南方地区的宗教形态，尤其是厦门地区。熟悉北方风俗的读者应该在北京或其他城市见到过丧葬队伍的壮观景象，其中许多细节和厦门地区的丧葬形式很容易区别。这样的对比方法或许不大受人欢迎，因为丧葬仪式壮观宏大，程序繁杂，而南北葬礼规制除去细节上有些不同外差异不大。该书还对中国和古代欧洲风俗习惯之间的相似之处做了许多注解，笔者在后文不得不略去不表，交由读者自行辨认和回味。

传统的丧葬仪式场面壮观宏大，十分华丽。但有人心存疑虑，它如今是否已经过时？中华民国成立至今也不过10多

---

① 高延汉学研究代表作之一。主要内容包括中国上古到清末的丧葬礼仪、死亡与灵魂的观念、坟墓制度、丧葬方式、居丧习俗、风水、灵魂与祖先崇拜、投胎转世观念、鬼神观念、驱鬼辟邪习俗及仪式、神职人员等方面。作者立足于西方视角，对中国本土民间宗教进行了介绍与评说。

年，扶持过清政府的遗老遗少还没有完全消亡殆尽，他们若有人近几年才刚刚辞世的话，其葬礼规制则会严格遵守古代习俗。若有幸遇到，西方游客或许还能一睹其情其状。

大限之日

亲人病危之际，家人在床前守护送终。中国人非常看重送终，这也是人之常情，送终责任一般情况下自然落到家中长子的肩上。家中老父生命垂危，儿子旅居他乡，因路途遥远无法及时赶回来送父亲最后一程时，也会请人代为送终，这种情况在中国比较常见。如果长子无法赶到病榻之侧，就会提供物质补偿。

丧礼上，乐班吹奏乐器，异常嘈杂，似乎是对外界宣布逝者从尘世的解脱。亲友双手摊开跪拜逝者亡灵，对其尘世蒙受的苦难表示安慰。在中国，人死亡时，亲友表示哀悼，以尽孝道，这是不可或缺的礼仪。但是留意观察你就会发现，还有一种习俗更为奇怪，那就是不让濒临死亡之人在自己的卧榻上咽下最后一口气，而是躺在水铺的三块尸板上离开人世，然后在水铺上清洗遗体，盛殓遗体。

当然，这显示出一种类似于斯巴达式的极简主义，但人们常常认为，中国人没有斯巴达式的勇敢。有时在大街上会看到这种景象，人快要昏倒在地的时候，或者受伤的人拖着脚努力保持正常姿态，相信自己还会恢复过来，他会捶打自已无助的身体，试图继续走路。

病情到了非常严重的时候，才会把病危之人移到水铺上去，通常还会用黑色的纸覆盖贴在大门上的红纸，因为门上的红纸图案是在一些节日时张贴上去的，这个时候显得不合时宜。水铺要放在堂屋里，那里有供奉祖宗和神灵的灵位。死者咽气后，要用布把祖先灵位遮盖起来，或者全部撤走。因为人们相信，祖先看到后辈死亡的景象会很不开心。死者就安置在堂屋摆放祖先牌位处，头朝左，按照中国房屋建造方位，应该是朝向东方。

死亡来临之际，为了听清楚亡者是否还有遗言，悲痛的家人必须抑制住内心的悲伤。确定人已经亡故时，哭丧声顿起。哭丧其实是面对死者的一种重复式表达，内容单一，节奏缓慢。儿子们会悲痛地哭喊："爹啊，你怎么能这么狠心撇下我们就走了，我们还都未成年呢！"死者的妻子则会哭喊："夫君啊，你为何狠心撇下我，我今后的日子可怎么过啊，你在那边一定要当心啊！"

如果死者没有闭上双眼和嘴巴，意味着他还有牵挂，这就让亲人更加伤心，亲人会哭喊着让死者放心地离开，并趁死者肌肉僵硬之前帮助其合上眼帘和嘴唇，这种做法跟西方非常相似。然后，所有的近亲都要披麻戴孝，丧服用粗麻制成，只在丧礼上穿。富裕人家一般提前准备麻布孝服，家里没有孝服的人家则会从响器铺里租来孝服。响器铺还提供许多驱邪用品，如果丧家经济条件允许的话，同时会租来响器，让乐班吹奏哀乐。儿孙此时就要把辫子散开，披头散发直到葬礼结束以后。（长辫子在中国依旧非常普遍，底层社会尤为如此）妇女则要求摘下各种发饰。

停放死者的堂屋里，要把所有家具和画像照片统统搬走，然后扫除整个房间，为亲友前来吊唁做好准备。为了不受邪气的影响，要在门窗上挂起红布。亲属忙前忙后，孝子们则默不作声，垂着头，满怀悲伤地离开灵堂，长子手提一只木桶走在最前面，带着所有孝子去离家最近的水井打水。他们在水井处肃穆地接满水后，往水井里扔几枚铜板，以告慰水神，这种习俗叫作"乞水"。然后打道回府，走在后面的孝子不停地唱着孝歌。

死者的遗体由家人来清洗，如果死者患有传染病则会雇人来洗尸。清洗遗体时，要用布盖住死者的手，洗完后才可以取掉。有时候，要用淘米水清洗死者的头部，这是《仪礼》中规定的仪式之一。据此规矩，如果死者是官员，送葬的人会在院子里挖一个坑，然后用从宗祠里拿来的柴火作为燃料，架炉生火，为清洗死者的头部做好准备。周朝时，清洗死者头部的仪式中还会用到小米酒和其他香精。

死者在家人的垂问关怀下咽下最后一口气时，家人就会立刻在其脚底处点起一只脚尾烛。如果是贫寒人家，就会在其脚底处点燃一碗油灯。中国人点脚尾烛的用意十分有趣，这一传统是阴阳观的又一次体现。在中国人的阴阳观中，阴代表着黑暗、寒冷、死亡等，而阳则代表着光明、温暖和生命。阳构成了人的精神，刚刚去世的灵魂则需要加强阳气。蜡烛代表着阳，点燃蜡烛可以加强亡灵的阳气。人死后一段时间内，灵魂会徘徊在尸体周围不愿离去，点脚尾烛能为亡灵指引方向。供奉食物、香烛等祭品，尤其是家人悲恸的哭声，都是为了召唤亡灵回到尸体。

水铺边放着两个纸画的仆，叫作"脚童"，这种习俗认为，死者在阴间需要仆从的照顾。死者被放进棺材，脚童也随之被放在死者脚底的位置。净身结束后，孝子们披麻戴孝再一次离开灵堂，去往各邻居家门口下跪乞火灰，乞得火灰后给每家回赠两支蜡烛。……之后，把火灰铺撒在棺底，象征着家族繁荣昌盛。之所以有此习俗，是因为人们相信，没有火就没法做饭。据说，这种乞火灰的习俗自古有之，近亲在整个丧礼期间斋戒禁食。死者的遗体还没有入棺之前，亲人必须睡在死者旁边地上的草席或垫子上。

堂屋内，所有物品全部被撤走后安置了水铺（用白布隔开着，因为白色是服丧的颜色），前来吊唁死者的客人，在置于地上或棺材前的小炉内焚烧自己带来的奠币。堂屋门口放有纸轿，一般为两抬或四抬。由于相信亡灵已经回到了体内，家属在死者遗体旁边放上奠食，有时还会把奠食喂到死者嘴里。家人在早餐之前跪在死者旁边，持香哭号，焚烧冥币，同时，在旁边的水铺上摆放几碗米饭和奠菜。在亡灵用餐时，人们也会为土地爷供奉美食，然后自己才开始吃饭。为了让亡灵在吃饭期间多逗留一会儿，家人在祭品前只放一根筷子。

嗐客前来吊唁时，家中服丧人员都要退到厢房。嗐客则在帘子前跪下磕头，与他人一起号哭。然后，丧家主要成员来到堂前，一言不发，跪在嗐客面前，磕头三次，以示感谢。嗐客会说一些安慰的话，并拿出冥币相赠。作为回敬，丧家给嗐客回赠一根红丝绳、一块白色麻布和一块红丝绸。送葬时，丧家在头上缠绑红布和白布，红布为了辟邪，白布以示吊唁。嗐客在吊唁现场把红丝绳系在衣领上辟邪，也可以在来之前在外套里面装几颗大蒜，提前做好自我防护。嗐客告别时，他所租雇的轿子、马车或是黄包车等交通费用均须丧家支付。女嗐客有时会留下来给丧家帮忙。冥币烧尽后，丧家把灰烬收集到一起，包起来后放进棺材。

在和死亡相关的迷信中，中国人有一种对猫的禁忌。家人刚刚去世，所有的家猫都要被转移到邻居家里寄养，因为人们认为，如果猫从死者尸体上跳过去的话，就会发生尸变，也就是诈尸。因此，要在死者旁边放一把扫帚，如果发生尸变，死者会把扫帚抱在自己胸前，躺回原处。

还有一个类似的传说，与老虎有关。高延博士在书中记述道：

　　老虎的尾巴上有一根神奇的毛，即招魂虎毛。老虎把死者拖进山洞，在死者身体四周摇摇尾巴，撕掉死者的衣服，便能大吃一顿。因为猫和老虎在外形和天性等方面很像，所以猫也有可能拥有和老虎一样的招魂毛。但是猫没有老虎的神力，所以当它从尸铺上跃过的时候，就会把尸体变成吸血鬼！

寅时，这种不吉利的事情更为强烈。读者或许知道，中国人用天干和地支来计时，以12种动物来命名，每种动物对应不同的年、月、日乃至时刻。按照先后顺序，一日的时间排列如下：

子鼠——子夜、晚上11点至凌晨1点

丑牛——凌晨1点至凌晨3点

寅虎——凌晨3点至凌晨5点

卯兔——凌晨5点至上午7点

辰龙——上午7点至上午9点

巳蛇——上午9点至上午11点

午马——上午11点至下午1点

未羊——下午1点至下午3点

申猴——下午3点至下午5点

酉鸡——下午5点至下午7点

戌狗——下午7点至晚上9点

亥猪——晚上9点至晚上11点

按照干支历日期，每个人出生时都有特定的生辰八字，这决定着他一生的运气。所以，孩子出生之时，家人会立刻请来算命先生，卜算并征询孩子的八字和一生运气，避免星相相克。八字相克的有：马、牛相克，羊、鼠相克，鸡、狗相克，虎、蛇相克，兔、龙相克，猪、猴相克。

算命时还须认真考虑际运病害等无意中对人的命运可能造成的各种影响，后文马上就会讲到，甚至城镇村郭的布局也应考虑在内。神父甘沛澍说："护送新娘离开娘家前往婆家的伴娘们，属相与新郎的属相不能对冲相克。不然的话，将会危及新婚家庭的和平与繁荣。"本书后文还会讲到，参加葬礼时，人们在属相方面应该采取的保护措施。

小殓

逝者的寿衣从里到外，有着习俗的规约。首先要穿舒适的丝绸里子的宽大内衣裤，然后是一件马甲，男女都穿。寿衣禁止使用棉质衬料。按照《仪礼》中的规定，下半身要穿红色来辟邪，这一习俗现今已被摒弃，代之以其他形式。接着要穿上逝者生前大婚时穿过的白麻布衣。第三层寿衣由细麻布、棉布或是丝绸做成。衣服多寡按照家庭条件而定，有时候会多达15层。但"五"是一个禁忌的数字，因为"五"和"无"谐音，主凶。外面再穿寿袍寿衣，其材质和多寡因丧家的社会地位各有差异。

高延博士在书中对逝者的衣衾做过如下描述：

灵堂檐下，在地上放一口柳条编成用以淘米的大圆匾，匾里放木桩或一把椅子。孝子站上去后脱掉上衣，头戴一顶竹笠大檐帽。在母亲或妻子的帮助下穿上马甲，用一根长麻绳穿过马甲袖口后从后背伸出，然后按照既定的顺序穿上所有的寿衣，孝子手持竹竿，竹竿的顶头插着一根榕树枝，这是为了防止邪气进入寿衣。穿上去的寿衣用大号针缝在一起后从孝子身上脱下来，用麻绳固定住寿衣袖子。给逝者穿衣衾时，尸体下方会留出一些空间，以便给逝者穿上裤子和袜子。把逝者胳膊穿进袖子后，整齐地扣好每一层衣物的扣子。即便逝者是女性，这个操作过程也由男性来完成，衣衾装裹结束时丧家会大声号哭。

使用圆匾、椅子和竹笠的理由是：用圆匾和椅子是避免让寿衣落地后被弄脏，而戴上竹笠则是不让上天看到这一景象。孝子在完成这个工作之后，会赶忙吞咽几口煮熟了的粉丝，因为他穿了寿衣后会短寿，长长的粉丝能消除这种不好的影响。然后按照规定，为死者供奉精心准备好的奠食，这是入棺前给死者的最后一次奠奉了，再在桌子上摆上灵牌。

《仪礼》中记载了高官过世、国君察看大敛以表达自己关爱之情的情况：

"君至，主人出迎于外门外，见马首，不哭，还，入门右，北面，及众主人袒。"国君如果另有惠赐，须察看大殓陈设情况。先铺好绞、被、衣等，以俟国君驾至。丧主到外门之外迎接，见到国君御车之马头，即停止哭泣；返回门内，向北于右边而立，和众主人一起袒露左臂。男巫止步于庙门（殡宫门）之外，丧祝代表国君亦先至此。小臣二人执戈先行，男巫、丧祝二人随后而行。俟丧祝为国君祭过门神后，国君入门，丧主回避。国君从东阶升堂，向西而立。丧祝背靠东房之墙向南而立，丧主立于中庭。

"君哭。主人哭，拜稽颡，成踊，出。"国君向尸而哭。丧主亦哭，并向尸叩首，起来又哭踊，随之出门外等候。国君命丧主返回续行大殓之事，丧主返回中庭原位。国君又命丧主升堂，丧主由西阶上堂，立于西楹柱的东边向北视殓。国君继命公、卿、大夫上堂，立于丧主之西视殓，以东为上。于是开始大殓。大殓结束，公、卿、大夫等后上堂者先下堂，返回原先位置；接着丧主下堂，行至门外。

国君又命丧主返回上堂，丧主遵命回到中庭。国君坐于尸床，用手轻抚尸体之胸口。丧主叩首拜尸，起来后又哭踊，随后再次向门外走去。国君再次命丧主返回，丧主受命回到中庭原位；众主人回避，于堂下之东墙向南而立。

"君降，西乡，命主人冯尸。"国君下堂，向西命丧主抚尸。丧主从西阶上堂，由尸足绕至东边，向西（尸）抚尸，但不与国君所抚之处相同。

继而哭踊。主妇向东抚尸、哭踊，和丧主一样。把尸体装殓入棺，盖上棺盖；丧主下堂，行至门外。国君又命丧主返回，丧主从左边入门，察看涂泥于棺。国君登堂就位，众主人返回中庭原位。涂泥结束，丧主行至门外；国君再命丧主返回。丧主从右边入门，诸执事从西阶上堂设奠。国君候机哭踊，丧主跟着哭踊。设奠结束，丧主行至门外，哭者止哭。

国君出门，于庙（殡宫）中哭踊。丧主回避，不哭。国君登上御车凭轼。国君随从乘上副车，丧主哭，拜送国君及随从。①

① 出自《仪礼·士丧礼》。《仪礼》，中华书局2012年版，第237页。《仪礼》中讲述丧礼的共有4篇，即《丧服礼》《士丧礼》《既夕礼》和《士虞礼》。

灵牌

灵牌是一块薄木板，用白色丝绸或棉布装饰，两边有同样材质的带子，上面贴着一朵红色花结。灵牌上面写着逝者的姓名、身份、年龄和生卒日期。新逝的亡灵漂泊游荡，居无定所，灵牌是其安魂之所。

召唤灵魂寄居灵牌的招灵仪式异常重要。招灵时，要请僧侣着长袍来做法事，场面非常讲究。僧侣站在香案后面，读经、念咒、画符，开始招灵，然后向掌管天庭的阿弥陀佛和管理地狱的地藏王菩萨祈祷。招灵僧侣不时摇动手铃，其他助手念诵经文，同时敲击铃舌、木鱼。招灵僧侣时不时地举起一个红漆横木，横木寓意龙体，实际上它形似莲花，茎柄弯曲，十分美观。招灵僧侣神情庄严，用横木逐一指向罗盘四仪，然后大声朗读祭文。祭文包含了给死者的喜讯，那就是已经为他立了灵牌，他可以随时回来居住，而且在灵位前提供了奠食。招灵僧侣唱诵道："三请亡灵归灵牌。"

僧侣烧掉祭文，继续诵读《佛说罪业应报教化地狱经》①，传递佛法。法事每日如此，诵经一年，亡灵就会逃

---

① 《佛说罪业应报教化地狱经》，简称《地狱经》，佛教典籍，东汉安世高翻译，主要由佛陀为众生讲述地狱中的苦难。该经旨在描述地狱中众生的痛苦及其罪过，并教导众生孝敬父母、师长，尊重佛教三宝，勤奋行布施、持戒、忍辱、精进、禅定、慈悲、平等，不欺孤老，不轻下贱，护彼如己。如果能做到这些，就能永远离苦。同时，期望菩萨等修得"阿耨多罗三藐三菩提"境界的众生帮助其他众生远离痛苦，使得地狱永远消失、苦难消亡。

离地狱，直接进入天堂。诵经后，要在死者灵前摆放12道祭奠菜肴。僧侣拿起一碗水，碗由锡制作而成，代表着佛陀。然后用手指或榕树枝、石榴树枝蘸水，对着供品、尸体、边上的人和墙洒水。

丧主持香齐额，跪在供桌前，时而伏地，时而起身，哀号不断，哀乐连连，现场气氛悲痛欲绝。此时，一些纸盒子、纸箱子被抬进灵堂，里面装满了冥币、纸锭、纸元宝和冥钞。箱子上挂着封条和纸锁。两个纸人抬着冥币箱，一位穿着"官服"的管家来管理和保护箱子里的财宝。冥钞要比锭子和元宝更为值钱，在阴间的作用更大，购买冥钞的花费也更多。敬献冥币的仪式十分重要，丧主要专门为之敬酒。丧主还要提前准备好酬劳，用一根红丝线吊挂在每位扶灵者的颈部以表达谢意。

僧侣对着管理死者财物的管家大声诵言，告知其死者的年龄、性别和身份，以便确认无错，捎带丧主家人的其他说明。同时，安排扶灵人员坐成一圈，给他们提供丧宴，并伴以鼓乐以助其兴。然后，焚烧所有纸扎祭品，哀悼者尽可能靠近火堆跪下，悲痛哭号，僧侣在旁摇铃诵经。乐声、哭声、诵经声，还有燃烧着的纸扎祭品、冥币纸箱，哀痛的场面让人难以忘怀。

高延博士解释道，焚烧冥币的习俗是由于人们相信，每有新生婴儿诞生之际，就是一个灵魂从阴间得以解脱之时。只有向阎王及其小鬼支付了足额赎金后，亡灵才能获得救赎。那些渴望得到重生但却无力向阎王买取解脱的亡灵，只得从其他亡灵那里借钱，回来之后，却又日日受到债主的袭扰。

早有聪明人做了计算，给阎王和小鬼敬献的钱财数目应与逝者的生卒年份、生肖有关，比如在猴年应该为多少，等等。通常，冥币店铺里的牌子上会写着不同年份需要焚烧的冥币具体数目。而有些人不太放心，会烧计算数目的三四倍给亡灵。冥币焚烧结束后，僧侣暂时离去，放在供桌上的供品会被丧家食用。

风水

丧家越是贫困，下葬的速度就越快。有时会在死者亡故当天下葬，但这一般都是出于特殊情况而匆匆了事，这种丧葬叫作"血葬"，被看作非常不祥的丧葬形式。富裕人家，从入殓到下葬，停尸时间会长达3个月至1年。历史上有一段时间，规定官宦人家的停尸时间可长达3年。由于中国人还没有掌握尸体防腐工艺，所以会在死者口中放置翠玉、珍珠、黄金等物品以起到防腐作用，但人们主要考虑的还是棺材的厚度和密封问题。据说，停尸期间是不可以去邻居家串门的。由于南北气候差异，北方的停尸时间要比南方长，但南方权贵之家的停尸也会很长。然而，大部分人的做法是停尸3天。至于下葬的确切日期和时间，则由风水先生来决定。风水先生也决定墓穴的选址和方位，好让逝者不受各种邪气的侵扰，安息于九泉之下，进而融于自然。

风水主要考虑的是人对于自然规律的适应，是中国最主要的玄学思想，拥有和华夏民族一样悠久的历史。在中国的不同历史时期，风水思想经历了几次重要的变化。其中一个明显的变化是，在通往帝王陵墓的路上陈设石人和石兽，这在后来被认为是不吉利的风水建筑。可能因为这是只有天子才能享受的无上尊荣，这一风俗传统也就未能流传下来。曾几何时，树木也被看作不祥之物，除非被栽在墓穴的两边和后边。但是许多古墓周围，树木森森，已然成为层层屏障。

"风水"一词包含了中国人的宗教思想、哲学思想或玄学理念，给中国人的生活增添了另一套思维方法。人类对于自然界及其神秘力量心存敬畏，变幻莫测的自然现象给人类带来恐惧，人类深信大自然的力量不可改变，即便是付出最大的努力也徒劳无益。中国人对于自然与人的认知成为其玄学思想的主要特征，也构成了中国诗歌的底色和绘画艺术的神韵。中国人用道教和佛教的宗教哲学理念，从根本上滋养风水这棵智慧之树。人类不断采撷它的果实，以期实现与宇宙自然天人合一的愿望。由此，也只有如此，人才能获得些许成功与幸福，避免厄运和不幸。

总体而言，现在的中国人对待自然的态度不同于原始部族对待自然界的恐惧心理，更多的是一种崇敬自然、理解自然的态度。中国人有一种特别的乐观主义，认为大自然的确存在一种强大力量，人类通过对自然科学的不断探索，了解自然的破坏力，有了自然科学知识就能领悟到自然法则的运行规律。

这些抽象的认知激发了中国人对于道的追求。中国艺术家在作品中完美地呈现了道的意蕴。他们在画作中着力表达自己对宇宙的认知，而不在乎对具体风景的写实——外国艺术界常常批评这种艺术风格。在中国艺术家的画作中，群山巍峨，高耸入云；山间小路崎岖，蜿蜒而上，路上行人依稀可见。整幅画流露出一种非凡的平静，人与自然完美融合，让人遐想无限。

高延博士对风水的阐释为："风水是一种准科学体系，用来教人们选址建造墓穴、寺庙和住所，让逝者、神明和在世之人尽可能地与自然和谐相处。"据此分析，风水是关于天、地、人之间相互关系的一种独特演绎，这种解释有助于让外国人了解风水的内涵。

风水是古代中国的产物，要推测这一古老传统在时下将何去何从，会十分有趣。现在，许多通商口岸的住宅区在设计时不会考虑风水，多年以来，当地居民也早已适应了这种生活，自得其乐。风水是一个庞大、复杂的玄学理论体系，不一定科学，但却承载着一个古老民族对于宇宙规律和万物运行的认知。它是一个完整的体系，几千年来影响并制约着中国人的日常活动和言谈举止。因此，在充分接触了中国各个阶层的人群，并和年轻人深入交谈后，就会明白，算命书在中国不会消失。这个判断有根有据，在中国的城市都能发现大量的证据，许多风水师和算命先生依旧活跃在各个地方，生意颇为兴隆。

在预言古代某些信仰定会消亡的权威人物中，有一位近代中国杰出的学者，他就是北京大学哲学系教授胡适。胡适在一本书中就废除风水活动有如下表述：

> 当我看到水手们的指南针，并想到欧洲人借以作出的神奇的发现，便不禁想起我亲眼看到的我国古代天才的这一伟大发明被用于迷信活动而感到羞愧。①

胡适在《先秦名学史》中从更为宽泛深刻的视角，谈及对中国思想体系的未来展望，以及古代中国逻辑方法的演变问题，颇具建设性。1915年至1917年，胡适在纽约的居所内著成此书，为中国现代文学做出了独特贡献。他清楚地洞察到了中国从旧文化走向新文化过程中不可避免的核心问题。

---

① 出自《逻辑与哲学》，即胡适1917年完成的博士论文《先秦名学史》的导论："我最不屑于争此等第一。仅仅发明或发现在先，而没有后继的努力去改进或完善雏形的东西，那只能是一件憾事，而非夸耀的资本。当我看到水手们的指南针，并想到欧洲人借以作出的神奇的发现，便不禁想起我亲眼看到的我国古代天才的这一伟大发明被用于迷信活动而感到羞愧。"

事实表明，新文化的到来绝非只是改朝换代。中国对于西方标准的强烈拒斥说明，现今中国的变革中，教育问题尤甚。

胡适提出的问题是："我们应该怎样才能以最有效的方式吸收现代文化，使它能同我们的固有文化相一致、相协调和继续发展？"在中西哲学流派的比较研究中，他认为，东方和西方的融合任重道远，需要"有赖于向西方介绍中国古代那些伟大的哲学学派"，旨在有效建立双方沟通的心理基础，但同时要努力让中国人民"能看到西方的方法对于中国心灵并不完全是陌生的"。胡适的这项研究被认为是"中国古代逻辑理论和方法的重新发现"。据此他主张复兴，以现代哲学重新阐释中国古代哲学。

胡适在该书序言中不失公允地说：

> 因为一个具有光荣历史以及自己创造了灿烂文化的民族，在一个新的文化中绝不会感到自在，如果那新文化被看作是从外国输入的，并且因民族生存的外在需要而被强加于它的，那么这种不自在是完全自然的，也是合理的。如果对新文化的接受不是有组织的吸收的形式，而是采取突然替换的形式，因而引起旧文化的消亡，这确实是全人类的一个重大损失。

胡适在教育界和学术界的地位是公认的，是中国新青年的领袖人物，在中国处于特殊关头的历史时期，我们特此推荐他的著作，以飨读者。

我们继续讨论以风水为代表的古老文明，回到和丧葬相关的话题上来。为了争取消解自然界对人的不利之处，风水师首先要结合逝者具体的生卒时间来计算、勘测墓地布局。风水宝地可以辟邪，可保人事兴旺。风水讲究阴阳，明、热为阳，暗、冷为阴；天为阳，地为阴；向为阳，背为阴；雄为阳，雌为阴。无论对这些相反相对的概念如何解释，从其相互抗衡的力量中才衍生了生命。山脉被认为是阻挡邪风的天然屏障，所以在为墓地选址时应非常注意山丘之间的风口和墓穴方向的关联，以及这些风口以外周边区域的位置，因为这可能影响天地循环，吉凶因势而定。此外，山丘的形状能说明其自身蕴含的特殊气场，山形地貌与逝者的生辰八字相合还是相克都需要考虑。所以山丘、山岗或土墩（因为并不是每个地方都有大山）含火，圆形山含金，陡坡含木，而那种被高原覆盖、光滑不规则的山岭则分别含土象或水象，这些都是墓地须考虑的地理风水。

与风象同样重要的还有水象，这与来水和去水的方向有关。选择墓地时，往往要考虑水象为小溪、河流还是河道，即便这些河水有时会枯竭，但还是要将其考虑在内。为了克服自然环境形成的种种不利之处，人们在墓地前修建水池，墓穴背后和两边用土石拱起人工土丘。人们普遍厌恶直线路径，因为直线容易使邪气进入墓穴，住宅入口处修建的龙屏

中国日晷

图中斜置晷盘刻有十二地支，指示时辰。须以晷针日影所指盘位刻度来判断时辰。晷盘上标有八卦数位、十天干及九州名。相传大禹分九州，并铸九州鼎。

晷柄北移须与晷针所指同向。晷背有柄，指示不同季节，日晷斜角由此而定。设置日晷时，先调日晷正面至当年当季，再使柄、针一致。日晷与罗盘均刻有安徽字样时，是为权威。

和院中假山，体现的就是这种观念。墓穴也不能和大路、溪流乃至路面处在同一直线上。要水运大吉大利，需要注意水池里水的溢满情况，水池必须时刻保持一定量的水才行。

风水先生看风水时所用的器具除了老皇历之外，还有胡适提到的罗盘。我们只需看一看这些器具就能明白，风水中所面临的问题有多么复杂，我们此处只能做到蜻蜓点水般的解释。显然，外人是不敢冒险去谈风水这门学问的。在风水学中，《易经》有着非常重要的地位。

> 这是一本历代圣贤鸿儒推崇备至的书，认为从中可探索到自然之奥秘，了解深奥的玄学义理，解释一切宇宙万象。据说孔子曾花费了很多时间去学习《易经》这本占卜艺术之书，以至韦编三绝才终得《易经》之真意。

众多彼此对立的风水学流派，衍生出许许多多的分支流派，自然就有新的风水术，或者新旧结合的风水学派。正因如此，有关人类生命的秘密以及宇宙万物造化之谜，都集中体现在罗盘中。

罗盘是一件西方游客和收藏家熟知的物品。它是一个底部呈圆形的木盘，漆黄了的盘面上有许多大大小小的同心圆，密密麻麻地写满了汉字，有些字是红色，有些字是黑色，圆盘中央凹陷处有一个指针。罗盘的历史和风水一样久远，正因如此，罗盘最有趣的特点是外部的圆被分为360度。罗盘大小不同，上面刻写的字数和文字内容也不尽相同。盘面越大，圆形越多，刻写在上面的符号也越多。罗盘不只被当作测绘工具，在操作熟练的人手中，他能快速反应，在盘面上指出方位。

罗盘在占卜等其他领域的运用不同于测算风水。罗盘上密密麻麻地分布着不同的区域，标满了大量令人困惑不解的字符，细小的指针本身淹没其中。人们根据罗盘测算，查询皇历后，进行婚丧嫁娶等各种活动。皇历中查得当年吉日，再用罗盘确定吉利方位。按照算得的时间和方位，人们才去修建房屋、寺庙以及城镇，当然还有墓地选址。如果与原先计划的修建时间有冲突，就得等待下一个黄道吉日，有时可能得等好几年。因此，在中国，许多半就工程并非半途而废，而是吉时未到。

罗盘中央盖有玻璃，里面装着指针，摇摆不定。紧挨着的圆形上面刻着八个字，这八个字代表了太极，而太极生阴阳两仪。《易经》中讲："两仪生四象，四象生八卦，八卦定吉凶，吉凶定大业。"

读者或许会想起一组组由直线和断开的横线组成的八卦图，它们被排成一圈，以一条双曲线分成明暗两面，成了中国人普遍使用的护身形符。商铺、住宅门口不仅有八卦图符，广告牌、房屋墙壁上也会有。八卦图中间未断开的线是阳线，代表阳，断开的线叫阴线，代表阴。

两仪生四象，四象者为：

☰ 老阳，代表太阳，热（事物的起初、本原）。

☷ 老阴，代表月亮，冷（事物的属性）。

☲ 少阳，代表固定的恒星，白昼和交替规律。

☵ 少阴，代表行星、夜晚，多重性和更迭法则。

在四象上面加上不同的阴阳符号，即"四象生八卦"。
八卦如下：

☰　☱　☲　☳　☴　☵　☶　☷
乾　兑　离　震　巽　坎　艮　坤

乾卦和坤卦被称作"主卦"，代表着天、地。乾为阳，坤为阴。就八卦的重要意义，《易经·说卦传》载：

> 万物出乎震，震东方也。
>
> 齐乎巽，巽东南也。
>
> 离也者，明也，万物皆相见，南方之卦也。
>
> 坤也者，地也，万物皆致养焉。
>
> 兑，正秋也。
>
> 乾，西北之卦也。
>
> 坎者水也，正北方之卦也，劳卦也，万物之所归也。
>
> 艮，东北之卦也，万物之所成终而成始也。

原始八卦（两个经卦上下重叠构成六十四卦）是中国人在发明象形文字以前使用的一种符号语言。就这种推测中最有说服力的一个证据由胡适提出，即第六卦☵实际上和它的会意字水具有相同的形式。八卦的发明要归功于中国历史上富有传奇色彩的皇帝伏羲。卜士礼①在《中国美术》（*Chinese Art*）第一卷对古代雕刻中的文字描述是："伏羲以八卦、结绳之法来管理四海之内大小事务。"传说有龙马背负此图自黄河而出，伏羲氏依龙马之图而作八卦，中国的各种图案中经常有这个画面。卜士礼说："这种结绳有点像古代秘鲁人的打结字。"

后来，八卦被用在航海家的罗盘上以及风水器物上。三条阳线代表阳，位于南方，三条阴线代表阴，位于北方。东、南、西、北分别表示春、夏、秋、冬。把四季进一步划分，每个季节内就有了六个节气，四季共二十四节气。如下所示：

春					
立春	雨水	惊蛰	春分	清明	谷雨
夏					
立夏	小满	芒种	夏至	小暑	大暑
秋					
立秋	处暑	白露	秋分	寒露	霜降
冬					
立冬	小雪	大雪	冬至	小寒	大寒

---

① 卜士礼（Stephen Wootton Bushell，1844—1908），英国医生、东方学家，在中国陶器、钱币学、西夏文等方面都有研究。出版了《中国美术》《中国瓷器》《中国陶瓷图说》等著作。

罗盘还可以进一步分为二十四山方位，如壬子癸、丑艮寅、甲卯乙、辰巽巳、丙午丁、未坤申、庚酉辛、戌乾亥等。罗盘的第三环表示的是十天干和十二地支的二十个字，这些字还表示北斗星与北极星旋转时，北斗星尾所指的二十个方位。罗盘第二环内的文字也来自天干地支，代表着黄道十二宫。

圆环趋向罗盘中心，一圈比一圈小，上面相同的字有很多都是重复的。十天干五个为一组出现在第四环中，第十环和第四环相对应，十天干的字符在右边。位于第五环中的五行重复出现了十二次，与第三环、第四环中的天干地支相结合。第六环、第八环与第三环相同，只不过第八环包含了二十四节气，引入历书，以勘定动土开工修建房舍等活动。第七环、第九环和第十一环上的字符相同，第十环与第五环相对应。第十二环中又一次出现了五行，以便从五行或行星中勘测位置，做出判断。

接下来的一环标有360度和另一种类似的分区，每个分区内标着红色和黑色的字，用来表示每一刻度的吉凶祸福。其外一环标有二十八星宿，这是中国人对天体的划分法，印度人、帕西人①和阿拉伯人也使用这种天体划分方法。许多专家都认为，这种划分方法是由中国人发明的。每一个象限

---

① 帕西人，亦作Parsees。一群生活在印度、信仰袄教（亦称拜火教）先知琐罗亚斯德的信徒。

都由天上的动物镇守——东象限（春）由青龙镇守，南象限（夏）由朱雀镇守，西象限（秋）由白虎镇守，北象限（冬）由玄武镇守。

另一组具有超自然力的动物是麒麟、凤凰、龟和龙，它们在中国创世神话中帮助盘古开天辟地、缔造宇宙，建立丰功伟业。

盘古生其中。万八千岁，天地开辟，阳清为天，阴浊为地。……首生盘古，垂死化身；气成风云，声为雷霆，左眼为日，右眼为月，四肢五体为四极五岳，血液为江河，筋脉为地里，肌肉为田土，发髭为星辰，皮毛为草木，齿骨为金石，精髓为珠玉，汗流为雨泽，身之诸虫，因风所感，化为黎甿。[1]（引自《艺文类聚》）

大殓

在前文，我们通过旁征博引的论述试图让读者对风水学的关键信息有所认识，毕竟风水对死者而言十分重要。言归正传，之前讲到了丧礼中为死者穿衣及其相关的小殓仪式，

---

[1] 出自《三五历纪》，又作《三五历》，三国时期吴人徐整所著，内容皆论三皇以来之事，为最早记载盘古开天传说的一部著作。

现在要谈谈大殓。

对于老年人来说，在世的时候往往就会提前买好寿材，专门存放在家中某个小屋。这种情况在大多数城郊地区十分常见。病人在去世之前，棺材会被停放在房间，时不时看着棺材，想象自己被置于其中，就像法国演员莎拉·伯恩哈特（Sarah Bernhardt）躺在棺材里思考艺术那样。

恭请灵棺入堂要举行仪式，由亲朋好友指定扶灵人。不论去棺材铺、停棺房还是其他棺材停放的地方，都得穿着白色亚麻孝服。8个或6个壮汉用椽子抬起棺材，哀乐班子在前面开路，其后是一个人扛着红伞，另有两人各持一面大锣，还有两人或四人大声喊着"唷，喔，喔，喔"，好让行人规避让路。后面跟着的是几个扶灵人和棺材，棺头向前。棺材上面盖着一条窄窄的红色长布，还放着一对镀金或彩纸扎花。扎花能带来好运，几乎在任何场合都会用到。红色布条源自皇帝为仕子恩赐木质金色玫瑰花的习俗，这是科举考试及第的最高荣誉。

孝子们披麻戴孝，走出家门迎接灵棺。从看到灵棺那一刻起，孝子们就跪在路上号啕大哭，哭声和丧队的吆喝声混杂在一起。灵棺被抬到孝子们面前停下，其中一个孝子起身在棺材上放钱、撒米，再放几根柴火或炭块。其他孝子则在路上焚烧冥币。抬棺队伍继续前行，穿过正门进入院子，锣声、吆喝声、哭声不绝于耳。棺材停放在院子或堂屋，拿掉放在棺材上的东西。棺材里面放几包石灰粉和几堆剪纸。剪纸有1英尺长、2英寸宽，香火铺里成串挂着，比较常见。棺材底部还有一块松板。这些物品都由棺材铺的工匠提供。把放在棺材里的东西拿出来后，人们把空空的棺材放到水铺前，棺材头部对着水铺。这时，孝子们停止了哭号，但哀乐声和吆喝声还在继续，抬棺者在棺底撒上灰，嘴里念叨："撒灰撒灰，儿孙富贵！"其他抬棺人随声附和着："儿孙富贵！"然后，在灰上撒下一把小铁钉，再念叨："撒钉撒钉，人丁旺兴。"其他人又附和着："人丁旺兴（'钉'谐音同'丁'）。"然后，撒下一把麻籽和一把豌豆，表示儿孙满堂。再撒上麦子、小米、稻谷和酒曲等物。

至此，本书对丧葬中祈求好运的主要礼规均做了介绍。还有一种级别比较高的祈福形式，要用大量米纸。把剪纸、石灰等物品从棺材里拿出来放在米纸上，棺底还放着一块松板，上面开有七个小孔，唤作"七星板"。板上放上纸床垫，不能用棉布床垫，这一点前文已有阐述。然后，铺上灯芯草垫，放上竹子或柳条编织成的枕头，大小和日常所用枕头相差无几，形似枕木。

此时，灵棺已经准备就绪。

这里，先谈谈七星板。七星板源自远古时期，统治者死后，要在灵材外面画上宇宙万物。直到现在，人们依旧相信描摹复现这些古老的符号有助于死者复活。七星板上的图案除了太阳、月亮和星辰外，还有罗盘指针、四季和象征着四季的颜色、动物图案。除此之外，没有别的装饰，因为宇宙本身浩渺无垠，难以描绘。在中国人的宗教信仰中，对七星板的信仰根深蒂固，甚如棺盖或者棺枢一样重要，均由棺材工匠制作。

所谓七星，就是大熊座的七颗星辰。因为形状看起来像测量工具斗，所以中国人称之为"北斗七星"。北斗七星掌管着生死，所以人们用七盏不同颜色的灯做成七星灯，悬挂在婴儿床边七天七夜，以保佑他不得七种儿科疾病。据记载：

> 北斗七星，所谓"璇玑玉衡以齐七政"。

> 斗为帝车，运于中央，临制四乡。分阴阳，建四时，均五行，移节度，定诸纪，皆系于斗。[1]

明确了大殓的意义后，现在回到将尸身从水铺搬入灵棺的入殓仪式。入殓仪式开始前，孝子捧着一个碗跪在地上，丧家有人在长袖里放一把铜板，轻轻抖动袖子，让铜板落进碗里，然后孝子们把这些铜板分掉。带头的壮汉把一条长长的白布放在尸身下面，将白布的两头在尸身胸部的位置打上结后牢牢抓住，儿子扶头托肩，女儿捧脚，儿媳抱腰。就这样，逝者就被放进了最后的安息之地——灵棺。死者生前最

---

[1] 司马迁：《史记》，中华书局1982年版，第1291页。

珍爱的小物品，如烟袋、烟斗、铅笔或其他文笔材料都会放在他的胸前。如果死者是未成年的孩童，则在胸前放上他生前的玩具。然后，会在死者口中放金银珠玉等物品，不仅可以延缓身体腐烂，还可以照亮亡灵在九泉之下穿越黑暗前往七宝莲花池的黄泉之路。

　　将逝者的尸身放进棺柩后，用石灰纸包和冥币灰烬填充尸体和棺木之间的空隙，然后用一块上面缝有红点的单子盖住逝者的头和脸，再放一大一小两条裤子，裤子里塞满纸做的元宝和银锭。接着，把原先放在水铺上的两个脚童放进棺材内死者脚底的位置。再放一面小镜子，以照亮死者的黄泉之路。最后，盖上一张窄窄的亚麻布单，大约有棺材的一半长，按照死者的性别在上面用黑墨画一个粗略的人形轮廓。这些陪葬用品只需花费一些铜板就能从寿衣店里买到。

　　高延博士在谈及中国南部一些地区的丧葬习俗时，联想到埃及人裹缠尸体的方法。他们把红布条和白布条纵横交错铺在棺材盖上，然后把尸体放到上面，一圈一圈地缠绕尸体，并且打下很多结。中国人认为，这些布结寓意吉祥圆满。红布条的两头被剪下来后，一头分给长子，另一头分给各房女婿。盖棺时，除了亲属之外，其他人员一律后退几步。因为让自己的影子落在棺材里不大吉利。然后，最后一次试着唤醒死者！把灵牌放在死者的胸部后，长子跪倒在地，喊道："父亲！父亲！快醒醒！"显然，这种呼喊完全徒劳。然后，长子满怀悲伤又恭敬地把灵牌放在祭台上。家中年长的妇女向死者亲切致意，请死者安心歇息，并且答应会妥善处理好葬礼和墓地等事宜，每天供奉祭祀亡灵。

接下来要盖上棺盖，这是最令人肝肠寸断的时刻。先要将石灰和防腐木油混在一起填充棺材四角，钉棺盖只能用两个钉子，如果棺材很沉的话，就要用铁钉从棺盖两边的正中间连同小块红布钉好，以消灾祛邪。钉棺的时候，钉棺者说道："钉钉钉钉，兴旺人丁！"钉好以后，有时还会用四个木钉进一步加固棺材。从这些敬语说辞可以看得出来，无论是口头语言还是书面语言，中国人赋予了语言一种强大而神秘的力量，从不说"死"就足以证明，语言对活人的命运有着很大的影响。

人们相信，由比死者地位更高的人来为其盖棺定论更为有利。如果丧家运气好，找到了合适的达官贵人，对他一定是礼遇有加。这个仪式要用一把斧子来完成。斧子手柄上缠着红布，带头的壮汉把斧子交给贵人，贵人用自己纤细的手指轻轻触碰一下斧子即可，其余的活交由别人代劳。

事后，丧家会挑选一些礼品到贵人家中，作为劳其大驾的物质补偿。送去的礼品有几卷钱、镀金扎花、一块红丝绸和其他与其地位相匹配的物品。

盖好棺盖后，丧家把为死者准备的水铺等没有放进棺材的物品全都赠送给苦力作为回报。把冥轿烧掉以后，棺材被停放在原先摆放水床的位置，用白帘遮挡起来。棺材前面的香案上摆上为祖先烧香的香炉，灵牌放在中间，两边各放一根蜡烛。香案的上方挂着死者遗像，一块白布搭在相框两侧，垂至地面，地上铺有白垫。这时，唁客走到香案前凭吊亡灵，然后在灵材上面放上一大碗煮熟了的米饭，米饭上插着香，旁边放着20根筷子，表示死者家族人丁兴旺。族人相信，亡灵会出于感激，回报家族。之后，吊唁者磕头行礼，先后离开灵堂。

干肉、鱼、烤熟的谷物等供品放在棺材旁边，因为大殓和出殡之间还有一段时间，所以就有了这个习俗。与此同时，在等待风水先生占卜勘测的过程中，必须清扫房舍，以免对亡灵造成不好的影响，也会再次请僧侣到家里兴做法事。接着会进行一系列的超度活动和佛教法事，法事活动的次数主要取决于丧家的家庭地位和经济条件。

第十四章

送葬出殡

　　风水先生算好落葬吉日后，丧家随即着手准备。通知亲朋好友出殡落葬的具体时日，邀请丧葬队的各班人马。有时会用书面请柬的形式发出邀请，措辞恭敬委婉，邀请大家参加出殡仪式。出殡前两天，丧家整日举行祭祀和哭丧仪式，举办盛大的丧宴，和死者做最后的告别。自此，死者将离开阳宅，前往自己的阴宅——坟墓。

　　供桌上摆好各种各样的锡制酒杯、香台和"寿"字形烛台，丧家暂停哭号，乐班停止演奏，有人高声朗读祭文，读完后将祭文烧掉。文祭完成以后，哀乐再次响起，主祭跪倒在地，其他人员随同其后，跪行走向供桌，烧香奠酒。当主祭突然大声哭号时，人们纷纷上前扶他起身，等在门外的出殡队伍听到主祭哭号后即刻启程发丧。

　　见过北京或者中国其他地区达官贵人出殡队伍的读者，

会从高延博士在下文对厦门丧礼的描述中发现，中国各地的出殡形式大同小异。只有目睹了某位清代大员的丧礼，才能了解其壮观景象。根据高延博士的描述，南北方的丧葬习俗仅在一个小小的细节上有着本质的区别。在北方，首先丧家选一位亲友骑马或步行，先于出殡队伍走在前面开路。他披麻戴孝，恭敬地请流动食摊、贩夫走卒、拉车苦力等为后面的出殡队伍挪摊让路。而在南方的厦门，出殡队伍的开路者在一位随从的陪同下，提一篮子被包裹起来并拌有一些湿石灰的槟榔。这表明，丧家无权让人清路，而是请求沿途路人出于同情，为出殡队伍主动让路，所以赠送槟榔以示感谢。赠送槟榔的环节在丧礼中微不足道，除了有些嚼食槟榔的地区之外，其他地方并没有这一习俗。

　　中国各个地区的出殡仪式中都会撒纸钱。这种纸钱是圆形或长方形的白纸，丧葬队伍走过时会将其抛撒在空中，任由它飘落在路上。经过溪流河水时，必须要把纸钱撒满河面。人们认为，那些遭遇不幸而死去的亡灵，由于子孙不孝，疏于祭祀，就会四处游荡伺机报复，而出殡时撒纸钱就能安抚亡灵。购买这些白纸钱的价格越高，价值也就越大。见过北京丧葬仪式的人或许还记得这些圆形纸钱的样子，它们还有一个重要的作用，就是帮助亡灵找到回家的路。在葬礼队伍行进途中，负责撒纸钱者前后来回走动抛撒纸钱，并焚烧纸人、冥屋等物品。把纸钱抛撒进火堆，燃烧着的纸钱随着火焰的气流飘荡在空中，纸灰飘的距离越远，意味着死者的黄泉之路越顺利。

在厦门，撒钱人也有类似的做法，但经常要做的一件事就是，在出殡队伍沿途要经过的门口和桥梁上拴一块红布。若要经过寺院，得将寺院大门关闭，因为寺院里的神灵不能看见丧葬队伍。跟在撒钱人后面的是两个吹唢呐的人（这让我想起了罗马人葬礼上类似的情形），他们穿着黑色褂子，褂子两边有红色包边，头上戴着低矮的黑色圆帽，帽檐向上挑起，红丝流苏从帽顶垂下。铜唢呐只能吹出少数音符，但人们相信，这些音符足以驱赶邪灵。后面跟着的是两个光脚男童，举着白旗，除此之外，队伍中大多旌旗都是红色的。鞭炮声时不时响起，也意在驱散邪灵。以上出现在出殡队伍的先头队列。

受丧家委托，烧祭品的人看到先行队列过来时，便开始焚烧各种祭祀物品。把冥币、纸佣、纸马、纸人甚至冥屋等死者在阴间的必需用品全部烧掉，这些都是死者生前使用的物品。如果是某位朝廷大员的丧礼，就要在沿途搭建的棚子里焚烧祭食。每有出殡之时，北京的崇文门大街似乎在一夜之间被许多像蘑菇一样的灵棚包围了，这些灵棚多半和周围的房子一样高，值守者各个仪表不俗，棚内摆满了垫子、遗像、椅子。当然，棚子里必须得有摆放丧葬物品的桌子。在穷苦人家的葬礼上，除了食物和金钱之外没有别的需求，即便如此，也不会忽视丧礼的这些环节。通常会安排专人焚烧冥币，或者让他们手捧冒烟的供食，站在指定的商铺前。

出殡队伍的第二队列走来时，最前面是两个号子手打扮的人，他们各自扛着一根长杆，杆尖上挂着一盏圆柱形的纸灯笼，灯笼的上面由荷叶盖着，其数量视丧家后代的多寡而决定。灯笼的一面写着死者的官职和姓氏，另一面写着"……显父（达母）"，至于是第几代都有可能。

随后跟着的是挂在弯曲的长杆上的两个大大的红灯笼，上面写着死者的官衔和名字。在丧葬队伍前进的途中，那些燃烧的蜡烛虽然能为亡灵照亮黄泉之路，但即便将要燃尽，也不会换上新蜡烛。两个灯笼后面跟着的是6个人或8个人组成的乐班。他们使用的乐器有木制的单管，一个单鼓槌敲击的小鼓，或是一面水牛皮做成的饼鼓，一副钹，一面小锣，挂在架子上的两面小锣。在中国，这类乐班档次最低。在南方，天热的时候，乐班成员会脱掉外衣，将其系在腰间，赤裸着上身奏乐跟丧。以前，还常常要求他们哭丧。

在北京，送葬队伍的先行队列中还会有2个木制乐器，形似搅拌黄油的工具，声音悠长而哀伤，像汽船的啸声。如今在许多港口城市，穿统一制服的铜管乐队越来越流行，北京也是如此。但这种乐队只是传统乐器的一种补充，在中国其他地区很少见到。铜管乐队演奏的曲目通常仅限于一些西式经典曲目，效果自不待言。奏乐时，伴以抛撒纸币，挥舞象征性的麦穗以及其他纸人、纸扎动物、冥屋等。大型丧礼上还有纸轿亭台的刺绣品、108件中国古物。但总的来说，这些在葬礼上只能起到点缀效果，哪怕是在最简朴的丧礼中也无法取代传统的乐器。

丧葬队伍通常会搭建白帐，有时用木制的轿亭。轿亭的前面和两边是敞开的，帘子上用金丝线绣着几条龙，并且垂着长长的流苏，两边几个小孩提着灯笼跟在旁边。轿内立有一张画像，赤面白睛，三只眼球暴突出来，其中一只眼睛位于前额，表情看起来十分可怕。画像中的人身穿武士战袍，右手挥舞三叉戟，左手高举着一个象征权威的红色印章。这个人物肖像是中国各个地区非常熟悉的"开路神君"，其图像通常为大尺寸的纸张画。爪哇华人制作的开路神像有时比两层楼还要高，里面塞满了猪心、猪肝和猪肠。

我们在引述《仪礼》中君王出席官员葬礼的习俗规制时提到丧祝，他专门负责丧葬举行过程中行枢和祝号的指挥，而开路神君的出现则取代了丧祝的地位。送葬队伍出发之前，人们在开路神君像前摆放糖果等供品。如果穷苦人家无法定做开路神君像，寿衣店就会为其提供没有神像的轿亭。

之后便是载着死者生前官阶象征的轿子。和死者所穿官袍相比，这辆轿子或许更能真实地表明其官职大小。许多穷苦人家也会给死者穿上官袍。为了这份荣誉，终生未做官的有钱人家还可以花钱捐官买袍给死者穿上。在这种场合，有人还会借穿官员穿戴的官袍。

轿子的颜色是皇室御用的黄色，刺绣十分精致，寓含天子恩赐之意，看起来十分壮观。两个男童高举黄色旌旗行走在轿子左右两侧，轿子前面是乐班、随从和皂班人员，抬着铜锣的人肩膀上插着旗。此外，手持木牌的人告诫路人肃静回避，并留意亡者官衔。

队列前后是数量不一的圆形伞盖，叫作"万民伞"。伞盖为红丝或绸缎材质，有三层荷叶修边，并且以白色包边。伞盖非常重要，与抬着遗像和灵牌的冥轿、灵柩构成了丧葬队伍的主要标志。毫无疑问，许多读者知道，这些伞盖之所以被称作"万民伞"，是因为伞象征着死者在世为官升迁时或卸任后，其治下子民对他的褒奖与肯定。这种伞是死者生前最值得骄傲的物品，当他解甲归田离开衙门的时候，侍从、仆人以及离任时随行的主要人员携伞同行。虽然中国人把这种伞一直叫作万民伞，其实是由一些富人出资给地方官买的。更为稀罕的则是万民衣，这也是富人出资制作的一件红丝袍。赠送万民衣时，仪式声势浩大。民众用轿子抬着万民衣，敲锣打鼓，来到衙门送给官员。送葬队伍中的这些万民伞顶部的颜色表明了死者的官阶大小，所以在不同的丧葬队伍中，你会看到伞顶有不同的颜色。紧跟着棺柩的那些伞盖代表了死者生前所取得的最高官位。在本书的插图中，你会发现，该组伞盖中出现最多的是绿色，侍从也穿着绿色的衣服，说明死者是一位军官，自然和平民有所不同，而且是一位清朝绿营军官。（中国人用绿色表示繁衍生息，绿色被看作儿童的幸运色）

丧葬队伍中另有由2个或4个儒生组成的队列，他们穿着礼服，走在黄色亭轿后面，神情肃穆。走到开阔的郊外时，他们就上了轿子。在如今的共和时期，儒生同样是丧葬队伍的一大特色，只不过他们现在穿着朴素，通常为一件灰色外套，外加一件黑色褂子。

黄色轿亭后面是一顶红色轿亭以及一些举红色旌旗的人员。轿内放置了一个长而窄的红箱子。箱子前面雕刻着金色的龙，两边贴着金色的花。箱子用来放置刻写着死者生平简介的石板，这是要埋在死者坟前的墓铭石碑。然而石碑却没有放在箱子里面，而是雇人背着。

死者的亲朋好友赠送红色轿亭，有时多达数十顶，这让送葬队伍看起来规模浩大。轿亭里面大都是空的，轿子的后面贴着捐赠者的名字。《仪礼》和《礼记》中讲过类似的马匹，可能是用来驮运丧葬物品的。顺便说一下，陪葬品并不跟送葬队伍同行，而是由马车通过另外的路径直接送到墓地。

各色轿亭之后，便是整个送葬队伍的最后一个队列，也是其最重要的一个部分，即灵轿、棺柩和孝子。先是一顶深蓝色灵轿（深蓝色象征死亡），两面是深蓝色灵幡。灵轿内挂着雕画镀金的灵帐，前面有一扇折叠门，里面供有祖先灵牌和香炉，还有两根蜡烛代表家族宗亲。4名执事走在队列中，灵轿后面挂着两个纸灯笼，上面写着"百子千孙"四个字。灵轿前面有两块窄窄的楹板，上刻一副对联：

沧海慨横流，跨鹤空山归上界。

少微惊隐曜，啼鹃清夜哭先生。

亡灵此刻还没有安息在灵牌上，而是临时安息在灵轿中。死者的遗像也放在灵轿上，悬挂在后面。4名亲人或朋友穿着丧服护送灵轿，灵轿前面挂着两个橘灯，为亡灵指引路径。灵轿后方的两角外还悬挂着两个白色纸灯笼。

葬礼开始的同时要进行规模宏大的佛事活动，灵轿里面放一个纸人，意为附体魂魄。之前在家里主持丧礼的佛教僧侣和乐班此时会走到灵轿前，他们后面是一条长长的蓝丝玫瑰缎带，上下两头是一块装饰板，上面用镀金字写着死者的官衔，这就是灵幡，铺在棺柩的盖子上，人们认为，它才是真正的亡灵。然后是许许多多的旌旗，有蓝色，也有白色，全部走在灵柩前面。如果为灵幡题字的人是一位军官，那么官位显赫的他会骑着马走在丧葬队伍中，名义上由他持幡引魂，其实是雇人代他持幡。若是在清朝，军官还在役的话，会有士兵手持利剑和弓箭等武器保驾护航，这种情况下，不允许文官加入队列，丧家也会为此而倍感自豪。

跟随其后的是棺柩、吊丧人员、乐班和其他人等。走在前面的是两位年轻的亲戚。他们穿着丧服，各自手持一根龙头杆，杆上系着一块长方形的白色亚麻布。还有两人举着的旗幡，上面写着悼词。之后是八人乐班，乐班成员手持长笛、弦乐器、鼓、锣等乐器。4名执事身穿白衣紧依棺柩走在前面。棺枢上的褶皱帷幔，质地优劣因死者官职高低和家庭条件各不相同，如果死者为男性，帷幔为红色，若是女性，则为蓝色，其上刺绣着许多体现孝道的经典故事。帷幔前面绣着一条龙，后面是猛虎或麒麟，顶部的祥龙、花簇和云朵象征雨水，也象征风调雨顺、五谷丰登。据说，孔子出生的时候有麒麟现身，所以人们相信麒麟可以影响灵魂，能让家中诞出贵人，而猛虎则是为了驱赶恶灵。

之后便是丧家孝子，他们每个人手持一个哭丧棒号啕大哭，有时候会有一个或几个孝子手扶棺枢走在旁边。通常情况下，孝子的旁边会有一个人随行，以防他悲伤过度，随时都需要搀扶。有孝子不能赶来奔丧时，会有一个仆人手里托盘或掌篮，里面放着一套麻衣孝服，代表孝子为亲人送葬。年幼的孝子也常常会被带到墓地，大人用红丝线穿上一枚铜钱吊在其眉心辟邪，以防夭折。

送葬队伍前行途中，哀号声不绝于耳，直至郊外没有人烟的地方才会停止。除了死者儿孙以外，所有的男性亲属身着丧服跟行在棺枢后面。家中女眷除了近亲之外，其他人在发丧之始目送灵枢离开后就打道回府，在家里继续哭丧。中国有些地方会把树枝绑在旗幡上面，这有点像欧洲一些国家的丧葬习俗。欧洲人会携带一些柏树枝、柳条或杉树枝，落棺的时候把树枝抛进墓坑。棺枢上还放着一只白色的活公鸡，两只脚绑在一起，它象征着光明，代表着阳势。按照阴阳观念来说，用雄鸡是因为它会带来好运气。当然，此时所选雄鸡的羽毛一定得是白色的，丧葬的习俗要求必须使用白色。

在中国各个地方的丧礼中，公鸡屡见不鲜，功效广泛。有的地区，如果有人客死他乡，遗体会被运回家乡进行安葬。为了保障死者及其亲属的安康，前去接棺的人会带一只白色的活公鸡，或携带纸扎竹编的公鸡。人们认为，在接到棺柩的那一刻，亡灵就会进入公鸡的身体，从而召唤死者的魂魄回到体内。所以在送葬出殡时，人们把公鸡直接放在棺柩上，以期途中为死者招魂。如果有灵轿的话，之后就把公鸡转移到灵轿上去。公鸡的鸡冠有助于吸引亡灵魂魄的注意力，这和灵牌的作用一样重要。

丧葬队伍来到墓地附近的时候，要挑选一个合适的地方遣散送殡宾客，因为宾客中有些人的属相和当天的丧葬时辰相克，会对亡灵的命运产生不良影响。为了安置宾客，送葬队伍在前进的途中就已经安排了随行厨房和熟食铺，为客人提供一场盛大的丧宴。宾客结束了送葬之行，享用饭食之后又恢复了精力。丧宴很快就会准备完毕，其速度要比西方习俗中的丧宴更快。宾客吃完后便自行离开，送殡仪式继续进行。

截至此时，在风水先生的叮嘱之下，墓穴已经挖掘完毕。人们把棺柩放在墓穴旁边，吊丧人员和其他人稍事休息，不哭丧也不奏乐。然后，由一个掘墓人在墓穴的四角各放一枚铜板，口中念叨："钱撒四方，儿孙富贵，代代安康！"再放一些钉子、谷物，并念着与入殓封棺时相同的说辞，然后在墓穴内放一盆点燃的香。这时，人们抬着棺椁来到墓穴旁边，放下棺椁，把椽子放在地上，随后在一片锣鼓声中解开绑着棺椁和椽子的绳索。

如果亡者是官员，此刻要行礼致敬。孝子大声哀哭，顿足行礼。站在墓穴旁边的其他人员纷纷退后，生怕自己的影子被关进墓穴。许多人嘴里叼着一撮青草，以辟邪自保。

棺椁放进墓穴后，风水师便拿一根线跨过墓穴，用罗盘测量棺椁方位，确保其与自己此前的勘测没有出入。通常，人们会上下左右不断调整棺椁的摆放位置，直至风水先生确定合适为止。

随后，孝子扔掉哭丧棒，抱着灵牌朝着轿亭走去。其他人则捡起哭丧棒，挨个儿插在坟前。乐班奏起哀乐，丧葬队伍大声呼叫"唉！唶！唶！"长孝子手捧临时灵牌，亡灵此时已回到灵牌。次子手捧永久灵牌，三子则手捧香炉。他们把这三样东西放在墓底，香炉位于灵牌之前。掘墓的头人把永久灵牌放在棺盖上面后，孝子跪在地上开始喊道："父亲！父亲！快醒醒！"如果孝子是个婴儿，会有人专门负责教他说出这些说辞。仪式完成之后，人们相信灵魂已回到了灵牌这个永久的安息之地，掘墓头人举起灵牌交给长孝子，长孝子则把灵牌当作家族的守护神接过来后，恭敬地放在墓穴脚底处。

然后，孝子手捧黄土，撒在棺椁上面。接着，把灵幡取下来，按照棺枢的长度折叠起来盖在上面，此时要把为灵幡题字的官员名字拿掉。题字者的名字是单独写在一张纸上后贴上去的，所以很容易去掉。临时灵牌放进了墓穴，石板和香炉均放在棺枢脚底处，专门做成了一个小墓室模样。再放入冥币，之后，用油纸完全盖住棺枢，油纸上面再盖上一层稻草。最后，把水、土和石灰搅拌在一起灌满墓穴让其硬化，不久便形成了墓室。

墓顶在墓室上面，用砖头砌成，顶部铺瓦或灌成土堆。日后，经过多年不断修葺，一直到拱形坟墓达到一定的高度，这既表明下葬时间久远，也表明儿孙孝敬。中国大户人家的坟墓会用水泥浇筑一个圆形墓顶，周边植绿树，有时用围栏或墙围着坟墓，并留有一扇门。但普通人家通常（尤其是在农村地区）不会将坟墓做成这个样子。传统思想认为，要按死者的生辰八字和风水来选择墓地，所以景色秀美的风水宝地都会筑有中国人的坟墓。

我们言归正传。当死者的亲朋好友忙着料理这些事务时，点主官和他的随从正在不远处等候，准备举行仪式，让灵魂永久寄居在灵牌上。落棺之时，点主官在两位随从和乐班成员的保护下来到坟墓前，坐于桌后，随从立于两边，其他人围拢在桌子周围。长孝子拿起灵牌，背对着太阳跪在桌前，双手举起灵牌。乐班和丧葬队则不住地奏乐呼号，点主官的随从将绑在灵牌上的毛笔和红墨解开，滴几滴酒或白公鸡鸡冠血，以笔蘸血后，执笔朝着跪在地上的孝子走去。此时，锣鼓喧天，旁边的人靠拢过来，打伞者在点主官头顶高高举起万民伞。点主官从桌上拿起一串铜板和一块红布，握在手中，然后对毛笔吹三口气，再缓缓地将毛笔指向太阳，点主仪式正式开始。为了这一神圣的仪式，丧家早已请人在灵牌上刻了祥云环日和龙头图案。灵牌中间写着一个大大的"主"字，但却少了一点，这一点就要点主官补写上去。灵牌上的其他字也缺横少竖，需要点主官补写上去。这种仪式体现了点主官代表官方，对死者头衔的认可，这也是举行点主仪式的主要动机。加上一"点"才是点主仪式的关键，而给中间的大字添加上去的则多为一横或者一竖。

我们就点主官这一头衔的意义询问一些中国人，有人认为，死后追加谥号是最高的荣誉，表现的不是世俗至上的思想，代表的是一种精神，这促进了点主仪式的盛行。在中国各个地区乃至不同家族中，点主仪式各有不同。寒门之家，点主仪式通常在家里举行，将死者生前珍视的遗物放在灵牌前面。点主也成为地方官员的职责。点主官的职位越高，丧家就越希望由他来主笔。要让点主仪式有一个理想的形式，常常会有以下程序。

点主官手拿毛笔指向太阳的时候，用手触碰一下灵牌的上半部分，即刻有太阳和祥云的位置，然后用低沉的声音急促地说道："画天画天，纯洁无边！"接着，触碰一下灵牌底座，说道："画地画地，万事如意！"之后，在龙头两边各点一笔，继续用低沉的声音说道："画耳画耳，左聪右明！"再在靠近中间的位置点上两笔，说道："点睛点睛，眼锐目尖！"

灵牌中间是一个大字，大字的左边刻着一行小字，写有男性字样，代表着死者的男性后辈。点主官在上面点上一笔，口中喃喃说道："点丁点丁，长命百岁！"最后才为中间的"主"字点上最后一点，结束时说："点灵点灵，灵牌显灵！"

尽管这些点主辞令的场面十分庄严，但即便是距离点主官最近的人也无法听到他所言何物。对于众人而言，点主重在仪式，不在内容。

现在，亡灵的安居之所已经就位，亡灵也得到了安息。点主官放下毛笔，孝子行礼拜谢点主官。有人把灵牌放回桌上原位，点主官走到墓前似乎要敬拜行礼。对点主官来说，这是屈尊的行为，丧家得有所表示。孝子连忙跪倒在点主官面前，表示感谢。因为丧家跪拜谢礼也是向点主官传达这样一个信息，即不希望点主官因敬拜行礼而收取双倍的费用。所以，拜谢要以独特的方式表达出来并被接受。点主官拒绝孝子给自己行大礼，疾步走到跪谢人员面前，假装伸手搀扶他们站起来。然后，他会马上打道回府，如果墓地在山坡上，通常会坐上轿子即刻离开。乘坐自己的马车或汽车这种现代官员的交通工具也无不可，尽管汽车很少在丧礼中使用。点主官上车离开时，孝子再次行礼拜谢。

与此同时，孝眷和仆人忙着在坟墓周围布置各种祭品，立起祭桌，另有一名司仪等着要在此处举行祭拜土地爷的仪式。用同样的仪式将司仪引往祭桌前，司仪举香齐额，鞠躬敬拜土地爷。然后，把香插入香炉，跪在蒲团上磕头三次，神情肃穆地起身退场。司仪乘坐的轿子和点主官乘坐的轿子一样，铺着红布，饰有金花，以示庄重。司仪走后，哀悼者继续烧香鞠躬，僧侣们不停地诵读超度经文，摇铃、摆锤和其他乐器一同奏起。祭拜了土地爷之后，哀悼者还会举行一个类似的仪式，叫作"祭灵"。祭灵仪式以焚烧纸钱而结束。长孝子把灵轿中的灵牌换掉，然后向风水先生和挖墓人恭敬鞠躬，以表辞谢。负责香炉的吊唁者把香炉放进灵轿。除了雇工之外，其他人都会分得一包红丝线包，用以驱邪辟害。

然后，送葬队伍要以出殡时同样的队列顺序打道回府。人们相信，通过这些仪式，亡灵应该颇感欣慰，所以此刻会停止号哭。送葬队伍回家途中，丧家女眷们跪在路旁迎接亡灵回家。到家门口后，把所有的物品从灵轿上拿下来，搬至屋内，全家人再次开始哭号。祭祀物品被搬进屋后放在香案上。僧侣们念诵经文，吊唁者换下麻布衣服，穿上丧服后，男眷在前，女眷在后，伏拜在地。

之后，大家便坐下来清理各种祭品，摆上很多张桌子，唁客按照辈分高低就座。这个宴席的精神含义在于，死者与亲属一同聚餐。唁客辞别的时候，丧家要送至门口，并通过一定的仪式表达感激之情，同时，丧家会为客人支付来回的交通费用。

尾声

　　至此，我们的中国丧葬习俗观察之旅已经结束。对见多识广的读者而言，本书难免挂一漏万，多个章节都未能尽言其全。其实，任何企图全面呈现中华文明某个方面的做法，必然都会遇此窘境。但是，如果我们的观察之旅从一开始主要着眼于中华文明的基本常识，那么读者也会大失所望，因为他们期待那些激动人心的文化记忆重新复现，期待本书能为他们吹散阅读中国丧葬习俗相关礼节时的重重迷雾。若没有优秀向导的指引，要获得第一手资料也不是不可能。只要对中国各个地区的丧葬习俗进行考察，就很容易核实本书所提供的资料是否翔实。虽然许多外侨曾目睹丧礼仪式，但要找到一位完全了解其中一切细节的本地向导，是非常困难的，因为就算是两地毗邻，他们也很难听懂彼此的方言，这是我们此前始料未及的。

行笔至此，笔者想起了此前的一次经历，它正好能说明这一困难在何处。有此经历，我大可自封为"古今中华探险队长"，现将此景赘述如下，权当临别赠言，以飨读者。

那次经历堪称冒险。是年夏天，在北京郊外西山上的一座佛教寺庙里，因机缘巧合，参加了一位农民的葬礼。丧礼伴以当地常见的鼓乐哀曲，情景与不远处京城内的丧礼上典型的壮观景象相去甚远。因为笔者向来对底层百姓的习俗饶有兴趣，所以，在此巧遇如此丧礼，实属天赐良机。当你置身中国，你会很快学会绝不能错失良机。

那天笔者正好闲来无事，傍晚时分，寺庙里的老方丈发来邀请，请宾客远观莲池美景和一座承载了宋代辉煌历史的舍利宝塔。该寺庙几经修复，在原有建筑的基础上进行了扩建，或是重新上漆，或是清理了室内卫生，整体上已与寺庙原貌大相径庭。从寺庙登高眺望周边的平原和山麓，让人浮想联翩，感慨沧海桑田，这是游览该寺的快意之处。寺庙后堂传出童声般的诵经声，直到天近迟暮，整日不绝于耳。身形消瘦的小沙弥们不停地背诵着自己的经文功课。木鱼声、磬铃声和僧侣的祷告声萦绕在寺庙上空。寺庙入口处铜钟声声，夜幕中鼓声隆隆，烛影摇曳，偶然昆虫嗡嗡飞舞，古树上鸟儿叽喳鸣叫，都或有全新的意义。不论你在卧榻安睡，抑或清梦方醒，仿佛飘浮于声音的海洋，身心无比舒缓祥和。静谧之中，偶有微风从庙檐吹过，拨动铃铛，提醒人们不要淡忘那些微弱如丝般的叮当声响。

这天，正是在这样一个肃穆的傍晚时分，我来到寺庙正院。暮色渐沉，老方丈候于寺庙门口。据说，他的一位香客之母于前一日刚刚过世。僧侣们很快就要出发，前往约2英里以外的乡野，奔赴丧家，为死者举行法事，使其灵魂安息。法事会持续整整一夜，因为第二天破晓时分就要下葬。

　　我委托一位熟悉的向导，向丧家和方丈表达自己想要同往参加丧礼的愿望。向导是一位老北京，受过专业训练，懂得如何微词达意，由他传话，总让听者舒服惬意。据介绍，死者家属年龄尚轻，家底单薄，要荐举像我这样的外国妇女去出席中国人的葬礼，实在不合时宜，人人都颇感为难。

　　显然，此处另有隐情。笔者早已深谙其中原委，顺藤摸瓜，各个击破。礼貌内敛，又不失矜持，表明自己决不会侵扰已经遭遇了悲痛的家庭。我小心翼翼，生怕一疏忽，临门一脚出现闪失，就会前功尽弃，毕竟这是常有之事。经过一再协商，大家开始七嘴八舌地讨论起来，说什么我是一位特别的外国女士，有着高尚的美德，去参加葬礼会深受丧家欢迎，其实我也希望如此。

　　成败在此一举，所以我不再胆怯，不再小心谨慎，宣称遇到丧家的葬礼纯属偶然，并坦言自己对底层百姓的丧葬习俗抱有兴趣，这是一次机缘巧合。向导把我这番"花言巧语"大胆地翻译成了汉语，最后大家达成一致。不管我去参加葬礼的根本动机是什么，但得花点钱。谈好以后别无他事，只是确定参加丧礼的人数，我和向导可以一同前往。

我只花费了3元鹰洋就可获准前往丧礼现场，见证丧礼的整个仪式。然后，我们一行人就出发了，在漆黑的夜晚下山。寺院坐落在山的一旁，一路上沟壑不平，深一脚浅一脚趔趄而行，打灯笼的人一前一后为我们照明。方丈紧紧抓着我的手，生怕我跌倒。左方远处就是北京城，城里的万家灯火在夜幕之下变成了一道微弱的金光，垂挂在浩瀚的苍穹中。这是四周暗夜中唯一的光芒，任何一座城市在暗夜中也只能是一束光。走着走着，忽然间我们来到了简朴的乡村，一种幻灭感油然而生。城市似乎神秘地失去了魅力，拆掉了裂开的城墙和恢宏的城门，昔日的神秘气氛全然不见，变得平凡无奇，如同一个悄悄隐藏着丑陋面孔的女人不小心丢失了华丽的面纱。

　　面对空旷的田野，望着右边黑夜中山麓勾勒出的线条，我如释重负。我们一行人在前往丧家2英里的途中，每经过一个偏僻的小屋时都会有新成员加入队伍，甚至连狗也加入了，于是队伍逐渐壮大起来。据说，这一地区德高望重的头人让大家全程保持肃静。最后，我们到了一处住宅简陋的地方，温和的夜色之下，看不出当地百姓的生活境况。我们进入一条略宽一点的小巷，这时，一位剃胡净面、身着宽袍的和尚朝我们走来，他的身后时不时隐约出现几个和他身形差不多的人影。他低声向方丈表达谢意，说明情况，介绍客人。

　　这时，哀乐和哭号声响彻天际，火把照亮了小路，叠影重重。我们加快步伐走进灯火通明的小巷，跟在后面的人在巷外等候。到达丧家，就看到一个打扮炫目、头戴天王帽的人坐在桌子上的王座上，嘴里念念有词。蜷缩在桌子两旁穿着黑袍的乐班成员时不时配合着伴唱，敲击木鱼、锣、钹以及其他乐器，现场烛光闪烁，香火袅袅。

草席两边摆着一张桌子和几把长木凳，丧家孝子披头散发，跪拜在地。寺庙方丈、向导和我共坐一把木凳，其他人挤在另一把木凳上。他们完全忽略了丧礼仪式，只是盯着我这个外国人高谈阔论，但言辞友好。

这时，一个人走上前来，身上系着脏兮兮的围裙，他是丧家请来的厨师，忙前忙后中，还得特意过来关心我这个外国人用膳。我向来逍遥自在，借口已经吃过饭了，从而避开了一桩麻烦之事。我对膳食毫无兴趣，注意力完全在祭坛上的丧礼仪式上。

在场的僧侣没有一个人回头观望，但我敢肯定以前见过每个人眼中那种好奇专注的眼神，那是中国人的目光中所具有的特质。丧葬仪式有条不紊地进行着，但寺庙方丈没有参加这些过程，一直和我待在一起。一路上都是一片寂静黑暗，突然来到灯火通明的地方，这种转换着实令人困惑，加之途中还有各种怪异的感觉，更觉恍恍惚惚，无所适从。似乎我们经过无尽之年走进了一片黑暗的虚空，而自己是其中唯一的活物。突然间，我们被径直推进了这个怪声嘈杂又拥挤不堪的帐篷。丧家的哀号声声撕裂，锣鼓唢呐响声震天，僧侣诵经不停，各种声音此起彼伏，似乎要一争高下。旁观者喋喋不休，七嘴八舌的讨论声此起彼伏，似乎要在这场喧闹的竞争中独占鳌头。当然，丧礼的整体效果十分喧闹。眼前这一切让人感到浑浑噩噩，但在某一瞬间，也会清晰地闪过一个有趣的念头，那就是这位和蔼可亲的老僧巧妙地为丧家赚了3元鹰洋。因为，主祭显然不是他，而是祭祀桌上的那位重要人物。

紧接着气氛突然变得肃穆起来，静谧代替了喧闹，我的思绪旋即被现场的气氛湮没了。主持法事的和尚站起身来面对众人，对着一面小镜子上下打量了一番，整理整理自己的衣冠。显然，为死者诵读、焚烧悼文的时刻到了。和尚面对棺椁，与往常不同，棺椁高高地停放在一个长凳上，而且没用帘子遮盖，直接停放在祭坛香案的正对面。

祭坛两边挂着白帘，但没有死者的遗像。下面是一张长桌，摆放着香炉、香烛和几碗祭祀食物。丧眷们穿着麻衣，头戴麻帽坐在这里。大多数丧眷是妇女，我询问哪一位是死者的丈夫，大家觉得这个问题不可思议，立刻进行驳斥，因为丈夫不参加妻子的葬礼。如果丈夫非要参加妻子的丧礼也可以，但这并不符合习俗，这种做法离奇古怪，在穷苦人家更是如此。死者的丈夫很可能此时正待在家中的某个屋子里。据我所知，如果丈夫此刻不守本分，在外忙着续弦，也并非绝无可能。

按照传统，长辈也不参加晚辈的葬礼。所以，母亲不会前往墓地为儿子送葬，但妻子要出席丈夫的葬礼，子女要出席父母的葬礼。显而易见，在这种俭朴的丧礼上，长子一直都是主角。

行文至此，现场已经焚烧了祭文，还烧掉了大量写有死者姓名和年龄的纸文，祈祷上天保佑死者平安到达西天莲湖。但是现场没有灵牌也没有纸扎人像，就连冥钞也看起来粗糙不堪，更没有挂锁的元宝箱。如若不然，丧礼要以既定程序进行。奇怪的是，丧家准备的丧葬用品缺东少西，可知，丧葬用品对于一个贫困家庭是多大的负担。丧眷们穿着麻布丧袍，看起来一模一样，让人难以分辨。在那些乱哄哄的旁观者中，僧侣和他们的法器并不显眼。

这时候，只见厨师高举着热气腾腾的饭菜，在棺枢下方的长桌前来回穿梭，丧宴开始了。他似乎认为自己是当晚丧宴活动的主角，飞扬着眉头大声吆喝，在人群中往来穿梭，毫无庄重严肃之感，这着实令人吃惊。午夜时分，待客活动行将结束，也可能因为我们的到来而中断了夜间活动。不过正合我意，我也不希望一直待到丧葬结束，所以不假思索，没有参加丧宴就起身告辞了。

我们身后的一张圆桌上放着十二盘备用的甜食和其他食品，象征十二生肖。突然，一阵巨大的喧嚣声响起，一时间锣鼓声震天，铜钹骤起，诵经声音不断加快，丧眷放声大哭，一切都近似疯狂。妇女由于无法控制内心的悲伤而跌跌撞撞，突然一个人由于悲伤过度而跌倒在地，人们才意识到坐长凳要倍加小心，弄不好会掉下来。人们把她扶起来，重新坐到凳子上，并用双臂托住她。

随后，人们把一个小油灯在一张桌子上不停地传来传去，默不作声，神情肃穆。此情此景让我们的向导也感到惊讶万分，不知何意。这是北京郊区人们的一种丧葬习俗。

方丈的注意力不在此处，我们的向导离开现场，向旁边的一些人询问传灯的原因。我注意到，他刚开始问了两三个人，但都不知道，随即他消失在了黑暗中。不一会儿，向导带回来了消息，即那只小油灯要传够死者的寿数，也就是七十四圈。他说，虽然自己以前从来没见过这种仪式，但这种仪式在当地十分普遍。传灯仪式结束之后，二次丧宴就开始了。

此刻，除了坐在棺椁前桌子上的人以外，其他人都可以暂时放松休息。和尚们伸伸懒腰，在原地站起，主事和尚摘下了自己头顶的礼冠。乐班成员懒洋洋地躺在地上，人们开始七嘴八舌地聊起天来。方丈在中间周旋着，尽可能让我们几个客人不觉得冷清。我受邀前去观赏丧礼仪式中使用的各种法器，但更重要的是，要回答和尚们五花八门的各种问题。他们通常会问，诸如来中国多久了，为什么要来中国，到过哪些地方，以及我的国籍、年龄、家庭成员等，不一而足。与此同时，哭丧歌者越来越气喘吁吁，长孝子举香齐额，不停地跪拜。最后，一切都安静下来了，哭丧的人几近昏厥，我也被吵得几近崩溃。

丧宴又开始了，我和和尚同坐一桌，丧眷们另坐一桌，其他人则挤满了房里屋外的门廊走道。他们见我筷子用得不错，都大为惊叹。通常都是这样，要是外国人不会用筷子，他们则会哈哈大笑。食物美味可口，这让我又一次颇感惊讶，原以为贫寒之家都没法给和尚提供一桌像样的饭菜。

　　丧宴结束后，我们一行人向门外走去。在门口，有人把我引见给丧家的长孝子。因为长孝子一直跪伏在地上，这时突然到我面前，跪下伸出双手，前额着地拜了起来，然后立起上身，又一次俯身便拜。就这样，我们辞别了长孝子，方丈对我的慷慨表达了敬意，说，因为我慷慨解囊，给了贫穷的年轻丧家一条活路。

　　一年后，我去拜访方丈，一开始就聊及此前参加的丧礼，问最近是否有人去世，他又给何人读了祭文，等等。

　　方丈答道：“善哉善哉，再没有死人。”听其语气，像是对我的问题有备而来。“不过，倒是新生了一个孩子！”

　　方丈真是非同凡人！那个夜晚令人难忘，除了返程的旅途让我筋疲力尽之外，还有一件事难以忘怀。那就是向导在丧宴上饮酒之后敞开心扉，悄悄为我打开了埋藏在心中的“花边新闻”。据他所言，方丈虽然穿着掉了色的僧袍，但其实非常有钱，我们当晚沿途经过的所有房舍和农田都是他的财产，包括那位贫穷丧家的房子和田舍。向导用手臂使劲画了一个大圆圈以比画方丈的财产，动作夸张，可以想象财产之巨，仿佛目光可及之处，尽归方丈所有！

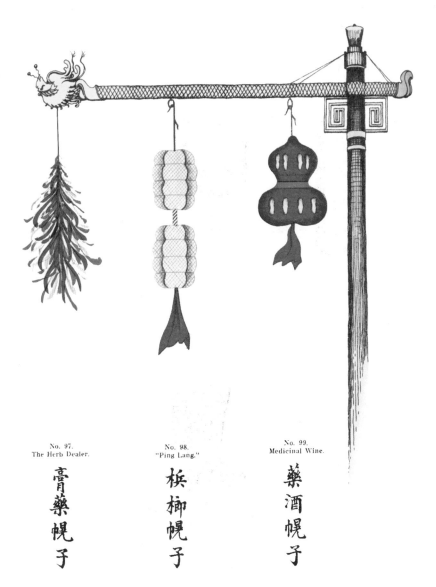

No. 97.
The Herb Dealer.

膏藥幌子

No. 98.
"Ping Lang."

梹榔幌子

No. 99.
Medicinal Wine.

藥酒幌子

No. 101.
Portraits of the Dead.

影像舖幌子

No. 100.
Paper Images.

冥衣舖幌子

No. 102.
Burial Robes.

壽衣舖幌子

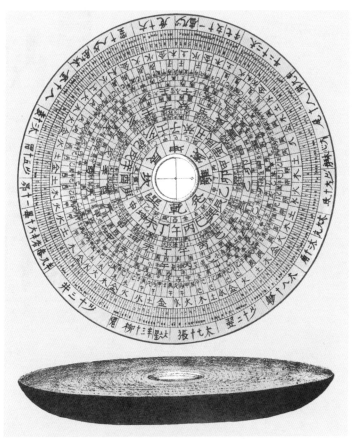

风水占卜师的罗盘

清末北京送葬队

　　图为一品夫人送葬队，绿扇可兹为证。扇后灵轿内置遗像、灵牌。队首金字红牌，上写翰林院编修、甲子举人、丙寅进士、大理寺少卿等，均为死者丈夫官衔功名。

　　于死者而言，长孝子最为重要。他披麻戴孝，手持灵旗、哭丧棒，悲恸万状，垂首行于灵柩之前。其前两男子白衣素袍，肩扛竹竿，挑着祭炉。

　　队首铭旌旁的牌属丧葬道具，非死者私人物品，用以增添出殡气氛，牌背写着提供殡葬业务店铺的名字和地址，灵柩前后红绿铭旌均

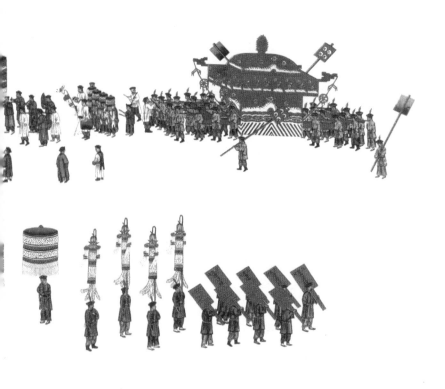

是如此。

    铭旌后有铜锣一面，万民伞四顶，尽显官威的同时，亦可避免阳光照射到死者。

    斧钺钩叉各类兵器随行其后，象征着权力。

    绿扇前，乐班手持木质乐器，奏乐缓行，音色低沉悠长犹如号角。乐班当位于丧队前列，清道夫之后。皂班亦位于队伍前列，做开路之用。

    撒纸钱者随于灵轿旁，右手抛撒，纸钱飞扬，散落满地，可助亡灵找到回家之路。落葬后，丧家回家供奉灵牌。